玩转自媒体
（第2版）

叶龙◎编著

清华大学出版社
北京

内 容 简 介

个人自媒体的经营，该如何吸引粉丝、推广自己，使自己进入自媒体行业圈？

团队自媒体的经营，该如何定制自己的发展路线，使自己的经营做到前景和"钱景"两手抓，成为行业圈中的高手？

企业自媒体的经营，该如何建设品牌、获取商业融资，使自己的经营拥有高端的商业模式，成为行业内的标榜？

本书将全面解密自媒体经营从新手入门到高手操作，教会读者如何吸引粉丝、打造忠实粉丝、扩展推广渠道、规划发展前景、掌握发展"钱景"、树立自媒体品牌、获取自媒体商业融资，并且快速实现盈利并变现！

书中内容专业，同时保证零基础读者阅读无障碍，真正做到深入浅出，融入生活常识，生动通俗。文中配有30多个逻辑图解、60多个专家提醒和100多个具体案例分析，全面剖析自媒体的创作、推广、经营以及变现，让您一书在手，轻松玩转自媒体！

适合阅读的读者：一是对自媒体感兴趣并在经营道路上探索的人；二是把自媒体经营得小有成就，希望能获得更大进步的个人或小团体；三是与自媒体相关的公司，可以作为对员工进行培训、指导的教材。

本书封面贴有清华大学出版社防伪标签，无标签者不得销售。

版权所有，侵权必究。举报：010-62782989，beiqinquan@tup.tsinghua.edu.cn。

图书在版编目(CIP)数据

玩转自媒体 / 叶龙编著. —2版. —北京：清华大学出版社，2020.1（2021.1重印）
ISBN 978-7-302-54213-1

Ⅰ. ①玩⋯ Ⅱ. ①叶⋯ Ⅲ. ①网络营销 Ⅳ. ①F713.365.2

中国版本图书馆CIP数据核字(2019)第255972号

责任编辑：	杨作梅
封面设计：	杨玉兰
责任校对：	王明明
责任印制：	杨 艳

出版发行：清华大学出版社
网　　址：http://www.tup.com.cn, http://www.wqbook.com
地　　址：北京清华大学学研大厦A座　　邮　编：100084
社 总 机：010-62770175　　邮　购：010-62786544
投稿与读者服务：010-62776969, c-service@tup.tsinghua.edu.cn
质量反馈：010-62772015, zhiliang@tup.tsinghua.edu.cn

印 装 者：北京博海升彩色印刷有限公司
经　　销：全国新华书店
开　　本：170mm×240mm　　印　张：15.5　　字　数：370千字
版　　次：2017年1月第1版　2020年1月第2版　　印　次：2021年1月第3次印刷
定　　价：59.80元

产品编号：081716-01

前言

■ 写作驱动

随着移动互联网的迅速发展,自媒体应运而生,如今自媒体已不再是一个单纯的沟通或互助媒介,而是一个强大的推广交易平台,甚至可以将线上、线下的交易完美地搭建起来,以巨大的爆发式力量,开启一个数据化、智能化、信息化的新时代。

本书是一本以自媒体为核心、以介绍营销推广为根本出发点的专著,全面、深入地诠释了自媒体的引流渠道、营销模式、涨粉技巧、商业变现以及自媒体人自身品质的提升等内容。

本书紧扣自媒体营销与运营,集理论、案例和技巧于一体,从横向行业的角度和纵向理论的角度全面剖析自媒体,让您轻松学会利用自媒体创造价值、开拓新的市场空间、焕发经济活力。

■ 升级内容

本书在第一版的基础上,升级了以下内容。

一、本书在第 3 章的内容中修改和补充了微信公众号的推广技巧、微信朋友圈的发文技巧以及微博平台的深入介绍和发文技巧,帮助读者更好地利用微信和微博两大流量平台吸粉。

二、本书在第 4 章新增介绍了适合自媒体人推文的 12 个流量门户网站,以便读者对不同的门户网站有更深入的了解,并且掌握在各个网站发布内容的方法。

三、近两年是短视频发展的红利期,抖音是各大短视频平台中一匹发展迅猛的"黑马",因此本书在第 5 章新增了抖音短视频的引流技巧以及爆款视频打造技巧,让读者在短视频营销发展至饱和期前从中获利。

四、本书在第 6 章新增了有关社群的创建和管理的内容。读者可以轻松学会社群营销,成功打造自己的社群。

五、如今是粉丝经济的时代,对自媒体人来说,获得关注涨粉更是重中之重,所以本书第 7 章从粉丝经济入手,新增打造高黏度粉丝用户的方法。

六、无论内容的输出还是提升品质做推广,自媒体人最终都是要获得属于自己的利益的，第 8 章新增的内容就从这两个方面展开，帮助读者实现粉丝商业变现。

七、在自媒体营销中，再好的引流技巧最终都要落实到内容上，优质有吸引力的内容才能长久地留住用户，第 10 章新增的内容就是教读者如何打造爆款文案。

■ 本书特色

（1）案例丰富，包含 100 多个案例分享：本书巧妙地将自媒体分析、营销知识与运用方法嵌入行业案例中，生动形象地通过案例，将营销手段与运营方法表述出来，让读者能够快速吸收、掌握自媒体营销与运营相关事宜，成为行家里手。

（2）易于理解，包含 300 多张图片解说：对自媒体的相关重点知识进行专业的剖析，从自媒体应用的方法、应用的行业等方面，通过形象的图片全程解说，对自媒体营销手段与运营方法进行详细分析，从而推动读者进入自媒体新时代！

■ 逻辑图解提示

本书是一本侧重自媒体实际应用的实战专著，采取部分逻辑图解的方式进行分析。书中的 30 多个逻辑图解能够帮助读者快速掌握重点内容和了解核心知识，为降低读者的阅读成本做了努力。但要注意的是，读者需要在阅读过程中注意其逻辑关系，以便更好、更快地理解本书内容，从而感受到阅读的知识性和趣味性。

■ 作者售后

本书由叶龙编著，参与编写的人员还有彭艳丽、谭中阳、杨端阳、柏承能、刘桂花、柏松、谭贤等人，在此表示感谢。由于作者知识水平有限，书中难免有疏漏之处，恳请广大读者批评、指正。

编　者

目录

第 1 章 自狂热：9 大内容迅速了解自媒体 1

1.1 智能时代狂热的自媒体 2
- 1.1.1 自媒体概念 2
- 1.1.2 智能手机与自媒体 3
- 1.1.3 自媒体的疯狂发展 3

1.2 成为生活时尚的自媒体 4
- 1.2.1 自媒体实现人们的存在感 4
- 1.2.2 自媒体激发人的表现欲 5

1.3 "钱景"诱人的自媒体 7
- 1.3.1 自媒体是企业必备的推广渠道 7
- 1.3.2 自媒体成为人们的创业利器 8
- 1.3.3 自媒体大咖的惊人收益 9

第 2 章 自入门：15 个准备工作让运营效果倍增 11

2.1 自媒体人应有的心理准备 12
- 2.1.1 自媒体人应有的专注 12
- 2.1.2 自媒体人应有的坚持 13
- 2.1.3 自媒体人应有的学习 14

2.2 经营自媒体应有的操作准备 18
- 2.2.1 找到明确的定位 18
- 2.2.2 选择可靠的平台 18
- 2.2.3 掌握大量的人脉 19
- 2.2.4 执行强有力的推广 21

2.3 经营自媒体的黄金准则 21
- 2.3.1 做正能量的自媒体 21
- 2.3.2 做乐于分享的自媒体 22
- 2.3.3 做严格细致的自媒体 23
- 2.3.4 做讨粉丝喜欢的自媒体 24

2.4 自媒体经营中的常见误区 25
- 2.4.1 自媒体经营中的骗局 25
- 2.4.2 自媒体经营的误区 26
- 2.4.3 巧妙化解复杂骗局 26
- 2.4.4 机敏避开误区 26

第 3 章 自平台：17 个推广技巧获取粉丝流量 27

3.1 微信公众号的推广技巧 28
- 3.1.1 通讯录的转化 28
- 3.1.2 朋友圈的推广 29
- 3.1.3 公众号的互推 30
- 3.1.4 开展征稿、网络大赛 30
- 3.1.5 巧用回复做推广 32
- 3.1.6 其他推广方法 34

3.2 微信朋友圈的发文技巧 36
- 3.2.1 图文结合的文案更有吸引力 36
- 3.2.2 朋友圈发文需要突出重点信息 36
- 3.2.3 九宫格的图片数量最符合审美 37

3.2.4　转载自媒体平台内容提升
　　　　　热度 38
　3.2.5　用热点来提高文案的阅读量 40
　3.2.6　传递正能量才有持续的关注 41
3.3　新浪微博平台的运营技巧 42
　3.3.1　新浪微博平台简介 42
　3.3.2　新浪微博平台的粉丝优势 43
　3.3.3　微博营销前的筹备工作 43
　3.3.4　把握微博营销的推广策略 45
　3.3.5　玩转微博营销的小技巧 49
　3.3.6　避开微博营销的这些误区 53

第4章　自门户：12个网站架设亿级
　　　涨粉渠道 57

4.1　今日头条平台的入驻和推文 58
　4.1.1　了解今日头条平台 58
　4.1.2　注册个人类型头条号的条件 62
　4.1.3　登录头条号的后台管理页面 63
　4.1.4　推送的文章标题是重中之重 64
　4.1.5　制作具有吸引力的字体格式 65
　4.1.6　在文章中上传图片 66
　4.1.7　设置文章封面图片 66
　4.1.8　进行客户端预览文章 67
　4.1.9　发布文章等待审核 68
　4.1.10　后台查看文章的分析 68
4.2　其他媒体网站的引流与推文 71
　4.2.1　在一点资讯发布文章 71
　4.2.2　在知乎发布文章 72
　4.2.3　在搜狐发布文章 75
　4.2.4　在网易发布文章 76
　4.2.5　在简书发布文章 78
　4.2.6　在百度百家发布文章 79

　4.2.7　在大鱼号平台发布文章 79
　4.2.8　在企鹅媒体发布文章 81
　4.2.9　在淘宝头条发布文章 81
　4.2.10　在优酷发表原创短片 82
　4.2.11　在喜马拉雅领取演播任务 83

第5章　自视频：33招快速熟知抖音
　　　吸粉方法 85

5.1　成为热门抖音的5个要求 86
　5.1.1　内容是否原创 86
　5.1.2　视频是否完整 86
　5.1.3　内容是否有水印 86
　5.1.4　视频内容是否有质量 86
　5.1.5　参与活动是否积极 87
5.2　打造爆款短视频的7个诀窍 87
　5.2.1　符合大众期待的美 88
　5.2.2　靠"萌"吸引用户 88
　5.2.3　让观众产生爱和信任 91
　5.2.4　点燃用户内心的事件 91
　5.2.5　专注并将其做到极致 92
　5.2.6　有实用价值的知识型内容 93
　5.2.7　用创新赢得用户关注 94
5.3　拍摄抖音短视频的10个要素 95
　5.3.1　控制视频拍摄节奏 95
　5.3.2　用合拍玩出视频新花样 96
　5.3.3　设置曝光度调整焦距功能 98
　5.3.4　分辨率的设置方法 98
　5.3.5　网格功能构图法 99
　5.3.6　场景切换以及特效的使用 99
　5.3.7　分段拍摄增强视频效果 102
　5.3.8　保证视频拍摄的清晰度 103
　5.3.9　远程控制视频拍摄 104

5.3.10 让光线为视频加分 105
5.4 抖音引流的 11 个方法 106
 5.4.1 拍摄广告视频 106
 5.4.2 利用热词增加曝光 107
 5.4.3 原创视频吸引关注 109
 5.4.4 搬运视频省时省力 110
 5.4.5 回复用户评论引流 111
 5.4.6 关注热门作品进行引流 112
 5.4.7 找准互推号资源共享 113
 5.4.8 在评论区用软件引流 113
 5.4.9 建立抖音营销矩阵 114
 5.4.10 在社交平台进行推广 115
 5.4.11 线下实体店铺导流 118

第 6 章 自社群：23 种方法打造高黏性粉丝经济 119

6.1 社群营销的基础知识 120
 6.1.1 认识社群营销 120
 6.1.2 用户的创造 = 运营者的创作 120
 6.1.3 众筹 = 角色转换 121
 6.1.4 社群 + 情景等同触发 121
 6.1.5 实时响应 + 服务 = 营销 122
 6.1.6 6 个社群营销的要点 123
 6.1.7 3 个社群营销的要素 126
6.2 社群营销成功的关键点 127
 6.2.1 极致体验和传播内容 128
 6.2.2 "粉丝经济"不等于"社群经济" 128
 6.2.3 运营是社群的价值重点所在 129
6.3 如何创建社群 129
 6.3.1 建立微信群的具体步骤 130
 6.3.2 通过群二维码扫码入群 130
 6.3.3 对群二维码进行分享与导流 131
6.4 6 大技巧运营社群让粉丝上万 133
 6.4.1 建立社群的管理规则 133
 6.4.2 新人进群有迎新仪式 134
 6.4.3 发个人照增加活跃性 135
 6.4.4 制造用户喜欢的内容 136
 6.4.5 培养自己的铁杆粉丝 136
 6.4.6 注重质量产生好口碑 137
6.5 4 种方法让社群营销月入上万 138
 6.5.1 社群的红包营销技巧 138
 6.5.2 扩展人气塑造个人品牌 139
 6.5.3 运用团队进行社群营销 139
 6.5.4 微信群的营销与管理 140

第 7 章 自引流：18 个技巧让自媒体人快速涨粉 143

7.1 粉丝经济为自媒体人助力 144
 7.1.1 粉丝转化成经济 144
 7.1.2 粉丝转化的作用 144
 7.1.3 粉丝经济的结构 144
7.2 自媒体人必知的导流方法 147
 7.2.1 爆文实现大范围内的吸粉 147
 7.2.2 捕捉百度热词搜索引导用户 148
 7.2.3 三号合一加大吸粉可能性 149
 7.2.4 小程序实用功能快速涨粉 151
 7.2.5 以号养号形成汇聚 152
 7.2.6 大号互推双赢吸粉 152
 7.2.7 @微博大 V 吸引同行关注 153
 7.2.8 关联账号：实体店 + 二维码 153

```
        7.2.9   等值资源下获取用户 .............. 154
        7.2.10  邀请式吸粉保障成功 .............. 154
        7.2.11  分享式吸粉精准锁定用户 ....... 155
   7.3  提升用户活跃度推进发展 ................. 156
        7.3.1   差异化、精准化的运营 .......... 156
        7.3.2   让用户快速地熟悉账号
                内容 ......................................... 157
        7.3.3   针对性地解决用户问题 .......... 158
        7.3.4   用内容形成品牌效应增强
                黏性 ......................................... 159
        7.3.5   把握用户趋利性制定优惠 ...... 159
        7.3.6   及时沟通处理留言问题 .......... 160
        7.3.7   积极观察用户的感受 .............. 161

第 8 章  自变现：17 个方法实现粉丝
         商业变现 ........................... 163
   8.1  主流盈利方法 .................................... 164
        8.1.1   效果可观的软文广告 .............. 164
        8.1.2   直接盈利的流量广告 .............. 165
        8.1.3   利用微信公众平台招代理 ...... 166
        8.1.4   付费订阅找出忠实粉丝 .......... 166
        8.1.5   开通点赞打赏功能 .................. 167
        8.1.6   添加增值插件链接 .................. 168
        8.1.7   付费会员做高效互动 .............. 168
        8.1.8   电商的微信平台盈利 .............. 169
        8.1.9   开发专属 APP 引流 ................ 169
   8.2  特色盈利方法 .................................... 170
        8.2.1   出版图书获得收益 .................. 170
        8.2.2   微信代理运营盈利 .................. 171
        8.2.3   冠名赞助实现共赢 .................. 171
        8.2.4   举办线下活动创收 .................. 172
        8.2.5   在线培训知识获利 .................. 172
```

```
        8.2.6   借助网站推广引流 .................. 173
        8.2.7   智能推荐引导关注 .................. 173
        8.2.8   提供数据报告获利 .................. 173

第 9 章  自风格：9 个方面打造最佳
         自媒体形象 ........................ 175
   9.1  风格定位是自媒体发展的必修课 .... 176
        9.1.1   风格是自媒体的标签 .............. 176
        9.1.2   风格是自媒体的方向 .............. 177
   9.2  风格是自媒体最醒目的招牌 ............ 177
        9.2.1   打造自媒体的个性风格 .......... 177
        9.2.2   打造自媒体的特色风格 .......... 178
        9.2.3   打造吸引受众目标的风格 ...... 179
   9.3  风格是自媒体品牌的无形资产 ........ 179
        9.3.1   风格是自媒体品牌文化的
                表现 ......................................... 179
        9.3.2   风格是自媒体品牌价值的
                体现 ......................................... 180
        9.3.3   风格是自媒体品牌精神的
                基石 ......................................... 183

第 10 章 自优质：18 个技巧打造
         10W+ 爆款文 .................... 185
   10.1 爆文标题的撰写技巧 ....................... 186
        10.1.1  优质标题的取名方法 .............. 186
        10.1.2  好标题要满足读者需求 .......... 190
        10.1.3  标题拟写的注意事项 .............. 192
   10.2 文章正文的写作技巧 ....................... 194
        10.2.1  优质爆文表达形式 .................. 194
        10.2.2  正文创作注意事项 .................. 195
        10.2.3  正文写作的类型 ...................... 196
        10.2.4  开头和结尾的吸睛方法 .......... 201
```

10.2.5　表现爆文精髓的技巧 205
10.3　精美配图的吸睛技巧 205
　10.3.1　优质好图应具备的特征 205
　10.3.2　超高颜品应具有的 8 大
　　　　　要素 206
　10.3.3　打造精品美图必会的几种
　　　　　构图技巧 208
　10.3.4　图片协助推广的营销方法 211
10.4　提高转发率的排版技巧 212
　10.4.1　段落首行缩进 212
　10.4.2　根据要点加粗调色 213
　10.4.3　用分隔线增加舒适度 215
　10.4.4　图文搭配的细节 216
　10.4.5　调整内容的行间距 216
　10.4.6　第三方编辑器 217

第 11 章　自升级：14 个方法快速成为自媒体高手 223

11.1　自媒体高手的自我修养 224
　11.1.1　不急不躁等待时机积蓄
　　　　　力量 224
　11.1.2　锻炼情商增强沟通互动
　　　　　能力 224
　11.1.3　跨界学习知识做到融会
　　　　　贯通 225
　11.1.4　打造形象培养自媒体个性 227
11.2　自媒体运营高手多方作战 228
　11.2.1　借势炒作捆绑大事件提高
　　　　　知名度 228
　11.2.2　内容跨界需要稳定的经营
　　　　　根据地 231
　11.2.3　经营跨界首先从做微商
　　　　　开始 232
　11.2.4　紧跟自媒体潮流打造网红
　　　　　女主播 233
11.3　自媒体高手的自我升级 233
　11.3.1　知识学习的不断升级 234
　11.3.2　技术学习的不断升级 234
　11.3.3　经验学习的不断升级 235
　11.3.4　社会眼界的不断升级 235
　11.3.5　行业眼界的不断升级 236
　11.3.6　经济眼界的不断升级 236

第1章
自狂热：9大内容迅速了解自媒体

学前提示

在大数据移动智能的时代，信息的传播变得简易化、自由化、平民化，自媒体如雨后春笋般疯狂生长，移动智能手机的普及应用更是自媒体生长的土壤，人们猎奇、求知、交流、炫耀和借以生财的欲望，就是自媒体疯长的"催化剂"。

要点展示

- 智能时代狂热的自媒体
- 成为生活时尚的自媒体
- "钱景"诱人的自媒体

1.1 智能时代狂热的自媒体

当今社会信息化进入移动智能时代，每个人都可以成为信息的传播者，同时信息的发布也越来越简易化、平民化、自由化，在此背景下，自媒体便应运而生。在自媒体传播中，我们总是能因为一些消息而狂热讨论，也希望自己的发言能得到别人的关注和认同，并且在自媒体的运营中还存在非常可观的利益和巨大的商机，所以自媒体也备受青睐。

1.1.1 自媒体概念

自媒体的主要特点突显在一个"自"字上——自我、自由、自主。利用现代化手段和简单平台传播信息，可以简单地看作是一个"个人媒体"。

1. 自媒体的特点

自媒体是一种私人化性质的传播介质，通常以个人为单位，依靠手机、电脑等简单工具，结合微信、微博、贴吧、网络平台等就可以进行操作运营，非常简便、自主。自媒体的特点有3个：第一，私人化，通常以个人为单位运营；第二，简易化，在手机、电脑上就可以操作；第三，自主化，不受他人思想指挥控制。

2. 自媒体的类型细分

自媒体给人的直观感受就是它是单个人的媒体，但其实它背后的操作有个人也有团队，并且操作的平台和盈利模式都大不相同。自媒体类型的细分如图1-1所示。

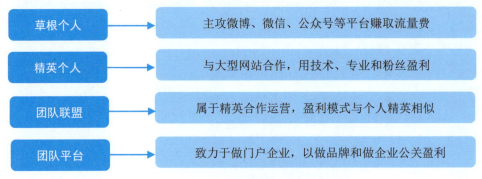

图1-1 自媒体的4种类型及盈利方式

3. 自媒体的平台细分

对自媒体平台认识不深的人，印象里大概只有微博、微信、QQ这些比较通用的个人平台，从图1-1可知，自媒体的运营还有团队化、企业化和网站合作化的模式，相应地就会有与之配套的自媒体平台，下面介绍 5 种不同类型的平台。

- 视频平台：比如抖音、火山小视频、快手等。
- 语音平台：比如喜马拉雅、蜻蜓 FM 等。
- 网站平台：比如今日头条、一点资讯、网易、搜狐、简书等。
- 微博平台：比如新浪微博、腾讯微博、网易微博、搜狐微博等。
- 微信平台：微信公众号、微信朋友圈、小程序等。

专家提醒

个人自媒体是自媒体经营的最初级模式，个人自媒体与团队自媒体之间存在着不公平的竞争，但也存在着合作，当个人自媒体发展到一定程度后，团队化、企业化也是自媒体必然的趋势。

1.1.2 智能手机与自媒体

大数据时代的智能手机作为信息接收和发布的载体，其使用量要远远超过笔记本电脑和平板电脑之类的其他移动信息设备，若把自媒体的发展比作疯长的茂林，那么智能手机便是自媒体生存、生长所依靠的土壤。智能手机有以下几个有利特点。

- 移动信号：可移动接收与发布信息，不受地点限制。
- 载体强大：QQ、微信、微博可同时操作。
- 在线较长：能够保证自媒体长时间在线。
- 便于互动：营造自媒体活跃的黄金时段。

随着科技的日益发展，智能手机的功能也日益强大，除了支持各类娱乐 APP 的安装使用外，也支持许多技术操作性 APP 的安装使用，视、听、读、写这些视频剪辑的功能日渐追赶上了电脑，使得自媒体的运营越来越自由简便。下面简单介绍 4 种自媒体编辑工具。

- 图文排版编辑软件：易排版、易企秀。
- 音频剪辑软件：音频剪辑器、音乐剪辑助手、音频工具箱。
- 视频剪辑软件：VUE、视频剪辑大师、巧影。
- 文字编辑软件：WPS、文字编辑器、超强文本编辑器。

1.1.3 自媒体的疯狂发展

自媒体的发展是一场由第五媒体引发的，由权威向平民、由被动到主动的信息化的变革。人们由被动地听，到有选择地听，甚至可以说给别人听，人人都可以成为信息的发布者，话语权和主动权这两大点刺激人们更踊跃地加入自媒体的队伍中来。

而自媒体之所以能爆发出这么大的能量，以及对传统媒体能有如此大的冲击力，主要取决于其传播主体的普泛化、多样化和平民化。随着自媒体的发展，如今线上也有了不少自媒体平台，笔者选择了其中最具有代表性的进行介绍，如图1-2所示。

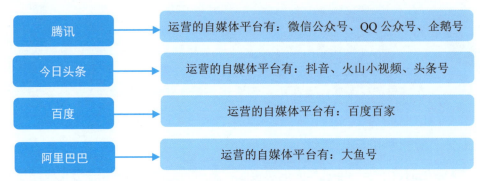

图1-2　各企业运营的自媒体平台

1.2　成为生活时尚的自媒体

在互联网时代中，不懂自媒体就会被视为原始人，自媒体被认为是时尚的代表，几乎每个人的手机上都会有至少一个自媒体APP，人们对时尚的追求促进自媒体的热度持续走高，不可否认的是自媒体确实为人们的工作生活提供了便利和时尚趣味性。

1.2.1　自媒体实现人们的存在感

存在感是人的一种社会需求，也是人的一种心理需要，现实社会中人的存在感的体现需要许多物质条件，但是网络自媒体能够无条件地满足人渴望的存在感，自媒体实现了用户的存在感就成功地留住了用户，这是经营自媒体成功的第二步，也是自媒体成为社会时尚的第二步。

1. 人的社会生活需要存在感

人作为一种社会化的生物，除了言论和行为这样的生理本能的需要外，还会有社会需要，即建立交往、得到认可和获得爱和尊重，这种社会需要概括来说就是存在感。但是，与人类的言论需求境况一样，由于身份、地位、金钱、工作能力、人际关系等因素，多数人在社会生活中都找不到自己的存在感。

2. 网络自媒体实现人的存在感

网络自媒体世界是零门槛的，在网络自媒体世界实现存在感也是零物质基础的，只要有一部手机和一颗灵活的大脑，就能轻易在自媒体世界找到存在感，甚至利用自媒体盈利。自媒体主要通过 4 个方面来实现人们的存在感，具体如图 1-3 所示。

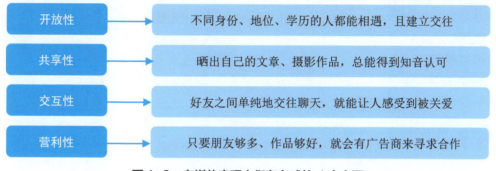

图 1-3　自媒体实现人们存在感的 4 个方面

专家提醒

人总是为寻求存在感而存在的，自媒体能够做到实现人的存在感这一步，在很大程度上就已经做到了留住用户。

1.2.2　自媒体激发人的表现欲

互联网时代，人们获取信息的方式发生了巨大的变革，从 Web 1.0 时代到 Web 2.0 时代，信息发布的主动权又发生了巨大的变革。这个时候，自媒体来到了人们的身边，信息的主动权来到了人们的身边，人们恨不得把生活中的一切都搬到网络上与他人共享，这极大地激发了人们的表现欲。

1. Web 1.0 时代人们只能被动地接收消息

Web 1.0 时代，在信息的获取方面，用户是完全处于被动状态的，鼓励用户参与的重要性也完全被忽视，并且内容是单方面传递的，用户只有阅读的权利，分享渠道也很单一，遇到好的内容还不能共享，因此这个时期用户能利用互联网做的事情很少。

2. Web 2.0 时代人们可以主动发布消息

Web 2.0 时代，互联网强调用户的体验，把更多的信息主动权交给了用户，换言之，对互联网而言使用户的价值被最大程度地利用。掌握信息主动权的用户对互联网的贡献分析如图 1-4 所示。

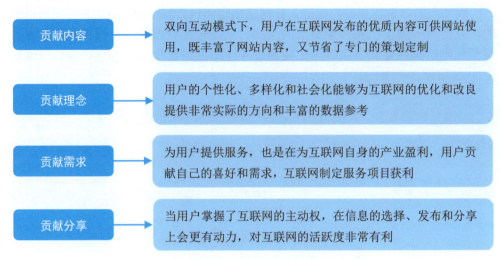

图 1-4　用户掌握主动权对互联网的 4 大贡献

专家提醒

在互联网世界，信息主动权的下放，是自媒体应运而生的首要前提，也更加激发了自媒体世界的生命力，所有网站只提供一个平台，内容由用户自己去挖掘打造，贴吧、论坛、微博、微信等各个平台都充满了表现力。

3. 信息的主动权激发了人们的表现欲

网络的开放和自媒体的兴起，使人们的交流不断地扩大，每个人都有表现欲，社交越广表现欲越强，人们通过微博、博客、论坛、微信朋友圈等平台可以尽情地表现自己。美食、美景、美女这些生活类的自媒体内容，已经成为我们生活中的必读物，是网络自媒体用户表现自己最常用的方式，也具有可读性。

专家提醒

自媒体为我们的生活增添了时尚，大众竞相推崇又将一件事情变成了新的时尚。归根结底，时尚是人的时尚，要以人为本，自媒体本身想要成为一件时尚的事，就要以吸纳用户为首要前提。

1.3 "钱景"诱人的自媒体

不论是从市场大环境的发展和变化来分析，还是从自媒体自身的发展状况来展望，自媒体的发展都是有前途的，并且上升空间还很广阔，在以经济为基础的现实社会中，发展的事业都是盈利的事业，有前景的事业便是有"钱景"的事业。

1.3.1 自媒体是企业必备的推广渠道

自媒体已成为全民时尚和全民事业，但凡有一点商业眼光的个人都想要在这块大肥肉上分一杯羹，于企业而言更是一个值得挖掘的发展空间。自媒体的利用不仅能给企业带来非常可观的直接效益，还有比直接利益更大的隐性利益空间。自媒体能为企业带来的隐性利益有以下几个方面。

- 提升企业知名度。
- 宣传企业文化。
- 推广企业产品。
- 挖掘优质客户。
- 提高经济效益。

以 2018 年"双十一"papi 酱与唯品会合作为例，如图 1-5 所示，papi 酱的这个"双十一"搞笑视频就为唯品会吸引了不少用户，而唯品会的品牌实力也能给 papi 酱带来不少收益。

图 1-5　唯品会的微博展示

盈利是自媒体的最终目的，沟通共享才是自媒体的基础业务，这些年政府部门也纷纷加入了自媒体行列，这就相当于自媒体的发展得到了官方的认可和保护，自媒体为政府提供的帮助有以下 4 个方面。

- 便于解释政策法规。
- 更快捷地进行权威辟谣。
- 可以直接沟通群众。
- 降低了工作成本。

1.3.2 自媒体成为人们的创业利器

说到自媒体创业，我们脑子里总是不由得想起那些在朋友圈里推销零售产品的微商，小成本里有大利润，微商一度被看为能让实体店倒闭的行业新秀，不少人确实因此而发家致富。微商的自媒体推广如图 1-6 所示。

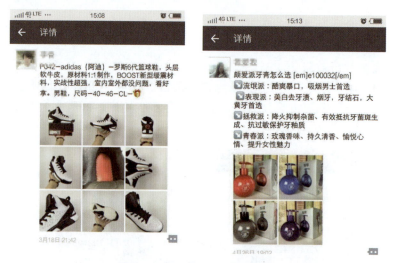

图 1-6 在朋友圈创业的微商

在微信朋友圈打广告做推销是比较低端的自媒体创业模式，只能赚产品的利润。这些年来自媒体界还衍生了"网红"一词，不懂行情的人会以为"网红"只是一个娱乐性的词，而在专业的自媒体营销者看来，"网红"是一种升级的自媒体创业方法，比如 papi 酱就是"网红"自媒体营销的典范。下面来分析一下 papi 酱的自媒体创业之路，如图 1-7 所示。

在上一节分析自媒体类型的时候介绍过，自媒体的经营分为草根个人自媒体、精英个人自媒体、团队联盟自媒体、团队平台自媒体 4 大类，不同的类别有着不同的经营能力、经营模式和盈利模式，自媒体的经营模式和创业模式是相对应的，它们的关系分析如图 1-8 所示。

图 1-7 papi 酱的自媒体创业之路

图 1-8 自媒体的经营模式决定创业模式

1.3.3 自媒体大咖的惊人收益

天下熙熙，皆为利来。自媒体因为其自身的功能性和趣味性吸引了广大的用户，但这里面巨大的利益空间，才是让用户自觉参与自媒体事业、成为自媒体运营者的最大推动力。

1. 自媒体收益界的传奇

经济界多位人士经研究分析后声称，早在 2016 年自媒体运营账号中就已有单个账号的收入超过 1000 万元的情况。再拿"网红"来说，在报道自媒体的新闻中，每每爆出网络女主播月收入过 10 万元的消息，大家是不是既嫉妒又羡慕，还有点蠢蠢欲动呢？这就是自媒体发展过程中的创收传奇。

2. 自媒体大咖收入的三六九等

若只以收入论大咖，网络女主播的收入可以使其归入自媒体大咖一类，但是在以物质论英雄的情况下，必然会有三六九等之分，网络女主播还只是中低等。自媒体大咖的等级分析如下。

- 第一等，以新浪微博 CEO 王高飞为代表：年薪 500 万美元。
- 第二等，以财经记者吴晓波为代表：年薪约 800 万元人民币。
- 第三等，以自媒体经纪人鬼脚七为代表：年薪约 100 万元人民币。

自媒体的商业模式发展需要分 3 个阶段进行考虑：第一个阶段，要考虑如何吸引粉丝获取流量；第二个阶段，要考虑在有粉丝的基础上做自己的专属产品；第三个阶段，要密切联系线上线下把产品卖出去，同时增长流量，使账号升值。

第 2 章

自入门：15 个准备工作让运营效果倍增

学前提示

凡事预则立，不预则废。既然决定要将自媒体的经营作为一项事业，那么它就和任何一项工作一样，需要自己认真、负责并有担当一切的能力。本节最大的亮点就是要教会读者经营自媒体的方法，将自媒体玩出一种态度，玩出一种高度。

要点展示

- 自媒体人应有的心理准备
- 经营自媒体应有的操作准备
- 经营自媒体的黄金准则
- 自媒体经营中的常见误区

2.1 自媒体人应有的心理准备

决定自己经营一个自媒体，有可能只是一瞬间的冲动，但如果你希望自己的自媒体有所成长，希望自己能像其他成功的自媒体人一样收获名誉和利益，就需要用一种积极的态度去对待它，摆正态度、做好心理准备是尤为重要的第一步。本节主要向读者介绍经营自媒体所需要的专注、坚持与学习的重要性。

2.1.1 自媒体人应有的专注

自媒体开放以来，由用户转化为经营者的人如鲤鱼过江般广而泛、多而杂，真正做得好的却是少之又少，除去能力有限不说，这里面很大一部分原因，就是这些经营者杂念太多，不够专注。专注对于自媒体经营是很重要的，因为专注决定了自媒体人能否坚持经营、能否找准自己的定位、能否写出优质内容以及能否获得粉丝的认同。

专家提醒

自媒体运营者对自己的账号不够专注有 3 个方面的原因：一是纯粹进来凑个热闹，并没有想要在自媒体界有一番作为，这是态度问题；二是意志力不坚定，总想着借鉴他人，看别人做什么内容做得好就跟风，完全不考虑自己的定位和特长，这是能力问题；三是对其他工作投入太多，分不出精力来管理自己的账号，这是时间问题。

如图 2-1 所示，为著名自媒体公众号"罗辑思维"，这个公众号运营已经超过 5 年，至今仍然能保持着每篇文章 10 万 + 的阅读量，除了本身运营方式好和内容优质以外，坚持也是很重要的一点。

专家提醒

进入自媒体，专注地在这一领域深耕，能解决一些能力上的不足。选好定位，做自己擅长的事，不要总是跟别人比，越比较越迷茫，瞻前顾后、左右摇摆会毁掉自己的事业，把精力都集中在一个点上，就会有水滴石穿的效果，越专注，时间越长，经验和感情的积累在粉丝心中就会转化成认可。

图 2-1　罗辑思维公众号

2.1.2　自媒体人应有的坚持

坚持是专注的外在行为表现，二者血脉相连，做过自媒体的人就能体会，坚持做自媒体，坚持做好自媒体是一件比盖百层高楼还要难的事，更像是修长城一样，比的不是建成的速度，而是宽度，比的是坚持。下面对坚持做自媒体的 4 大难题进行图解分析，如图 2-2 所示。

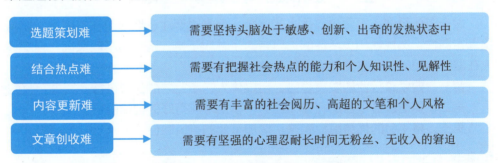

图 2-2　坚持做自媒体的 4 大难题

专家提醒

坚持既有内在的又有外在的，内在的坚持是保持自媒体事业的理念、定位、宗旨不变，外在的坚持是保持自媒体事业的经营方向、经营模式和经营平台不变。

从根本上来说，只要内在的理念方针和定位宗旨不变，就不能说没有做到坚持，顺应时事，顺应粉丝，有方向性、选择性、灵活性的改变，是为了将事业更长久、有效地坚持下去。

坚持做自媒体的难题，除了以上4大凭自身能解决的难题外，还有社会导向和行业竞争的打击，如在微博和微信的联手打压下，博客的惨败，这是个人再如何坚持也是无法挽回的。下面简单列举微博、微信和博客自媒体人的发展对比分析，如图2-3所示。

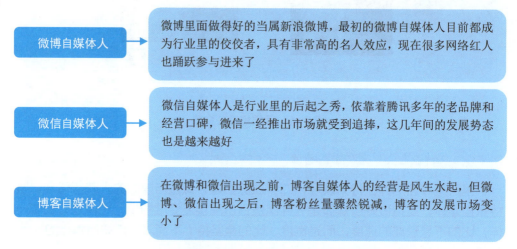

图2-3 微博、微信、博客自媒体人的发展对比

做自媒体经营，需要自媒体人的坚持，但是也要注意把钢用在刀刃上，坚持是有方向性、选择性和灵活性的，坚持对了才叫坚持，坚持错了叫顽固。自媒体人在坚持的同时，还需要做到以下几点。

第一，要紧跟行业的发展趋势，自媒体人的事业才能长效可行。

第二，要衡量各平台的利益和优势，事业才能有好的利益前景。

第三，将平台的优势组合起来，增加事业的抗风险性。

2.1.3 自媒体人应有的学习

从上一节经营自媒体难以坚持的原因中，我们了解到作为一个自媒体人，需要非常丰富的知识和超强的大脑，然而多数人都不是天赋异禀的超人，可以轻松做到了解天下大势、把握社会百态、抓住读者需要。所以，我们需要多学习和多阅读技巧知识、社会知识、文化知识，慢慢积累经验和能量，厚积薄发。

1. 技术技巧性知识的学习

知识的学习是对内在头脑的补充和提升，是一个循序渐进和融会贯通的过程，而技术技巧性的知识却是可以速成的，并且自媒体的经营之道就是先学会做形式，再学会做内容。

粉丝选择自媒体也是先看对外在形式感不感兴趣，再决定要不要去了解内容，所以建议自媒体人先学习一些专业技巧类的书籍，如图 2-4 所示。

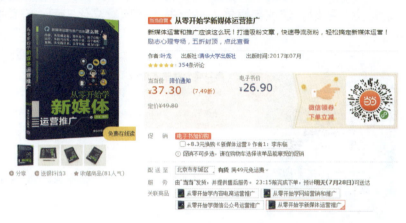

图 2-4　技巧类书籍

2. 社会知识的学习

经营自媒体，不论定位多么专业，都一定要关注社会时事，唯有把握住社会热点，才能准确掌握粉丝的痛点，思考粉丝的需要，为粉丝的需要呼吁，这是一条快速积累人气的捷径。学习社会知识最好的途径就是看相应网页中的社会新闻报道，如图 2-5 所示。

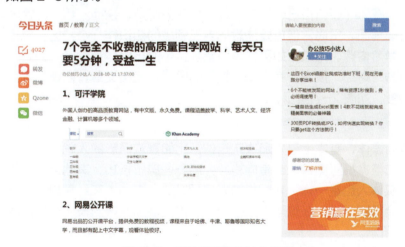

图 2-5　有关教育类的社会新闻

3. 文化知识的学习

经营自媒体内容才是王道，做内容就需要自媒体人有较强的文化基础，并且不断地深化学习，推陈出新，这样自己经营的自媒体在粉丝心中会增色不少。反之，缺少文化积淀的自媒体内容，不论形式做得多么好，都会给人一种金玉其外，败絮其中的感觉。所以，建议自媒体人多读书、多积累文化知识，推荐书籍如图2-6所示。

图2-6　文化类书籍

4. 相同领域知识的学习借鉴

经营自媒体需要有自己明确的定位，切忌大而泛、杂而不精，尽管学习知识最好尽可能全面、贯通，但也要注意把自己领域的知识作一个特区，重点关注，多向他人学习借鉴。比如，如果你是股票基金类的自媒体运营者，只要在今日头条平台点击"财经"按钮，就会出现相应的股票财经类文章，自媒体人可以自由学习和参考，如图2-7所示。

5. 兴趣爱好类知识的学习

经营自媒体，基本上是兴趣决定定位，比如喜欢摄影的人就一定会在他的自媒体上发布很多摄影图片，或者向粉丝介绍一些摄影技巧，其他喜欢音乐、喜欢电影的自媒体人也是一样。有明确的兴趣爱好的自媒体人在经营自己的账号的时候定位也会特别明显。在这里向大家介绍一本能够加深摄影技术的兴趣的书籍，如图2-8所示。

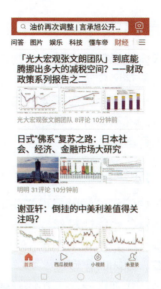

图 2-7　今日头条自媒体平台

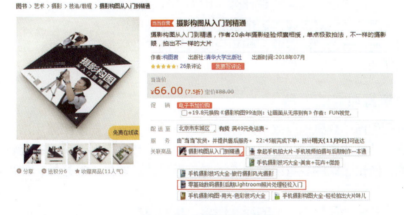

图 2-8　兴趣爱好类书籍

专家提醒

　　对于自媒体人来说，学习如逆水行舟，不进则退，需要每天不间断地学习。一是为了自己所热爱的自媒体事业，二是从某一角度来说，自媒体人相当于粉丝的人生导师，经营者的一言一行都可能给粉丝带来深刻的影响，所以自媒体人的学习不只是为了自己的兴趣，还要向支持、拥戴其的粉丝们负责。

2.2 经营自媒体应有的操作准备

经营自媒体的第二步准备工作是做好操作运营工作，定位、平台、人脉、推广的准备，就像东风来临前的万事俱备，这些基本的操作准备决定了今后的长效发展，在人人都可以运营自媒体的时代，你的自媒体需要的是比热血更重要的谋划，结合自身的优势条件，做好打一场硬仗的准备。本节主要向读者介绍经营自媒体前，认识到自媒体定位、平台、人脉、推广的重要性。

2.2.1 找到明确的定位

在自媒体中的定位就像是现实生活中的 GPS 定位一样，能让自媒体人找到自己需要的粉丝，也能让粉丝找到自己需要的自媒体。物以类聚，定位也是给自己做一个分类，有了分类以后更方便自媒体人在圈子中寻求伙伴，一起交流成长，或者共同经营，向团队化发展。

好的定位能实现自媒体人和粉丝的双赢，明确的定位使自媒体的发展得到良好的结果。一般来说，自媒体人给自己定位取决于两个方面。

第一，找准自己感兴趣的是什么，因为兴趣决定了我们在经营过程中能不能坚持，还决定了我们对自媒体这个事业有没有专注度。

第二，要结合自己的专业，如果只有兴趣而专业程度不够的话，是没办法赢得粉丝信任的。

2.2.2 选择可靠的平台

腾讯公司自创立微信以来，用户数只增不减，这与公司以服务用户为首要的战略理念、精准的市场调研、灵活的市场应对能力和全面创造价值的经营方式是分不开的。腾讯公司的妥善经营对选择微信平台的自媒体人的好处，体现在以下4点。

第一，腾讯公司用户第一的经营理念，帮助自媒体人提高了用户的活跃度。
第二，腾讯公司对市场的全方位调研，帮助自媒体人把握了市场方向。
第三，腾讯公司优良的市场策略，帮助自媒体人抢占了市场先机。
第四，腾讯公司的价值经营，为自媒体人赢得了市场地位。

> **专家提醒**
>
> 腾讯公司十多年的经营，已经有了非常高的品牌知名度，在这一优势下它所提供的平台，不论是QQ还是微信，都非常受自媒体人的喜爱，腾讯的发展也不负众望，保证了选择它的自媒体人能够长久、长效地发展自己的事业。

这是一个个性化、多元化的社会，自媒体世界也是如此，现在几乎每个人都是自媒体用户，任何一个自媒体的使用者都可以以"亿"为单位来衡量，万一其他平台里也有许多用户欣赏你的文章，只是不喜欢你所在的平台，那不是很大一笔损失吗？

所以自媒体人应该多向发展，每个平台都可以考虑申请一个账号作为辅助平台，在主要平台上把东西做好，然而背后可以借助辅助平台散发出去，既不浪费过多的精力，又能网罗更多的粉丝。下面对各自媒体平台进行简单的介绍，如图2-9所示。

图2-9 不同的自媒体平台

2.2.3 掌握大量的人脉

人脉是资源、是朋友、是导师、是方向、是途径，人脉可以是一切，或者说人脉可以给你想要的一切帮助，这样一个道理放在任何一个行业里都适用，在商业化的自媒体运营中更是如此。

进入自媒体行业，找到自己的定位之后，兴趣相投、志向相同的业内小伙伴就会自觉地聚拢在一起，这些站在同一高度水平的朋友可以互相成为彼此的人脉。下面以图解的方式对发展圈内好友人脉的好处进行分析，如图 2-10 所示。

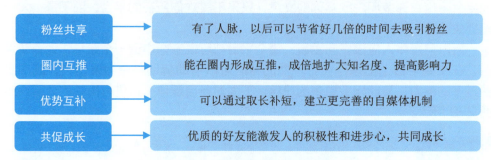

图 2-10　发展圈内好友人脉的好处

在自媒体行业里，要多向业内的成功人士请教学习，要学会站在巨人的肩膀上去看问题和解决问题，这样经营自媒体会达到事半功倍的效果。作为一个新手而言，有一个自媒体"大拿"的朋友是很有激励性作用的。下面用图解的方式对发展圈内明星人脉的好处进行分析，如图 2-11 所示。

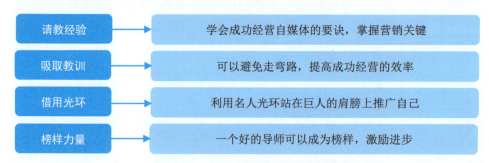

图 2-11　发展圈内明星人脉的好处

"朋友多了路好走"，人脉多了渠道多，如何有效地找到圈内朋友和圈内导师，并建立人脉关系呢？主要有两种方法：第一，搜索类型相同的自媒体账号，与对方多沟通多联系，建立良好的关系；第二，搜索圈内"红人"的账号，多点赞评论对方，形成彼此欣赏的状态。

> **专家提醒**
>
> 三人行必有我师，不论是圈内好友还是圈内明星，一定都有某一方面是值得你去学习的。人脉在一定程度上就是人生导师，自媒体人需要广泛发展人脉，并保持谦虚的态度向已有人脉学习，将人脉的价值利用发挥到最大化。

2.2.4 执行强有力的推广

推广是自媒体运营的核心要素之一，也是自媒体运营的所有操作准备的攻坚阶段。推广就像是一个水瓶的瓶盖，之前的人脉积累、平台积累都是这个水瓶里的水，推广做不好，瓶盖打不开，里面的水就倒不出来，之前做的一切准备全都成了无用功。下面以图解的方式对自媒体推广的重要性进行分析，如图2-12所示。

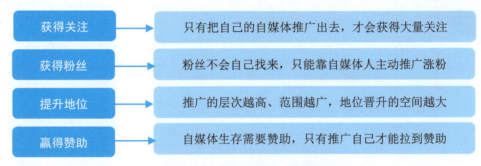

图 2-12　自媒体推广的重要性

初级自媒体人的推广切忌急功近利，不要一开始就想着能拉多少赞助，商业合作性质的推广需要等到账号经营成熟了，有一定知名度和影响力之后才考虑收益，并且不论是初级自媒体人还是高级自媒体人，原始资本都是粉丝，所以初级自媒体人推广的目标就要锁定在粉丝上，获得粉丝的推广方法有以下两种。

第一，自己推广：自己在多个平台做宣传，主动请求别人互粉。

第二，他人推广：请朋友帮忙做推广，或者请名人为自己做宣传。

2.3　经营自媒体的黄金准则

自媒体的经营不设门槛，只要有想法都可以进来凑个热闹，但也正是因为这个原因，自媒体界的经营水平良莠不齐，真正能把自媒体运营得风生水起前途一片大好的人并不多。经营好自媒体是需要把握好几个准则的，业内人士称之为经营自媒体的黄金准则，本节将向读者介绍经营自媒体的黄金准则等内容。

2.3.1　做正能量的自媒体

在新闻界有一句话，人的内心都是有点求异的，喜欢猎奇，越是耸人听闻的新闻越能引起人的兴趣，同作为信息发布的媒介，自媒体消息和新闻消息在这一点上是贯通的，比如在2018年轰动最大的"疫苗"事件，虽然关乎生命安全不可玩笑，但此事一出，确实给自媒体发展创造了一个新高潮。

尽管类似的新闻消息能够迅速吸引眼球引爆舆论，但一味地危言耸听，并不是长效发展的方法，反而容易让人厌恶、回避。从中国人的心理、性格来分析，类似于心灵鸡汤的内容可能会更受欢迎一些，自媒体也不能一个劲儿地去挖掘阴暗面，舆论报道就应冷静地跟大家分析问题、解决问题，把事情带回光明面。

专家提醒

不论是自媒体界还是整个传播事业中，光明面永远都要多于阴暗面，正能量永远要多于负能量。只专注于做轰动性、吸引眼球性的自媒体尽管会有辉煌时期，但难以长久。经营自媒体的黄金准则之一就是做正能量的自媒体，做冷静、客观、有智慧的自媒体，尽管在市场效应下，有时不得不抓住阴暗面的东西煽风点火，但最终还是要回到正道上来。

2.3.2 做乐于分享的自媒体

在现实中，我们总乐意和那些喜欢分享的人做朋友，并不是因为贪图那一点小便宜，而是因为乐于分享的人总会让人觉得特别亲切、友爱，让人不自觉地愿意靠近他、相信他。经营自媒体也是一样，做一个乐于分享的自媒体人，粉丝们会更愿意靠近你、支持你，这也是经营自媒体的黄金准则之一。乐于分享对于自媒体人的好处主要有3点：第一，有亲和力，让人愿意靠近，并且关注的自媒体；第二，有真诚感，让人愿意信任你的自媒体；第三，有善意感，让人愿意与你交往，并且支持你的自媒体。

真实生活中有些人可能非常会分享，但运营一个自媒体时，生活中的分享习惯是不足以吸引粉丝的，还需要掌握一些技巧，这里就告诉大家一些能让粉丝们感到舒服的分享技巧，如图2-13所示。

专家提醒

不可否认，分享的直接目的就是增加自媒体的访问量，而不是为了当免费的老师。主动分享以后，只要有稍许的价值体现，就会有人关注你、主动跟你讨教，这是你奠定粉丝基础的一条非常好的途径，并且能提高你在粉丝心目中的形象。

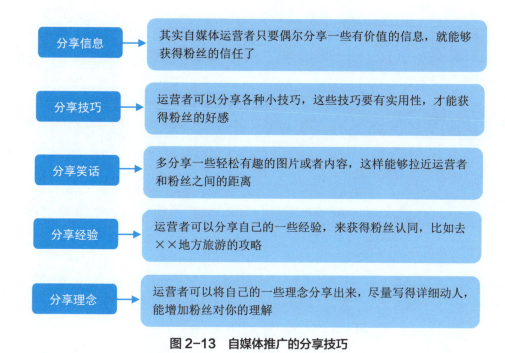

图 2-13 自媒体推广的分享技巧

2.3.3 做严格细致的自媒体

自媒体是一个浮躁的地方，不少用户把自媒体当作一个负面情绪的垃圾站和一个心理阴暗面的发泄场，所以在自媒体上经常充斥着各种抱怨、怒骂等不和谐的信息，学名统称为"网络环境污染"。自媒体人的一言一行都具有公众性和影响性，需要格外严格细致，并主动维护自媒体网络的和谐。

1. 对自己发布内容的每一个字负责

我国在 2013 年就已为"网络造谣"立法，网络谣言转载超过 500 次按诽谤罪论处。对于自媒体人来说，严格细致地对自己所发布内容的每一个字负责，就是对自己负责。自媒体人对发布的内容在负责的问题上应做到 4 点，如图 2-14 所示。

专家提醒

有人的地方就有江湖，即使是再不起眼的自媒体人，手上也管着好几百号的"粉丝客"。你的一言一行都有可能给你的"粉丝们"带来影响，不管是私聊还是广播，严谨细致一点总是没坏处的。

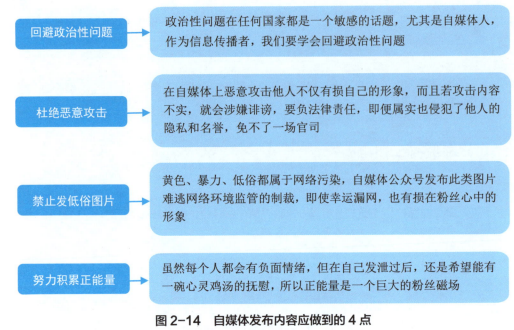

图2-14 自媒体发布内容应做到的4点

2. 做严谨细致的自媒体人需要注意的事项

若把自媒体比作江湖，公众账号就是漂泊在江湖上的一叶扁舟。江湖多风波，摆渡的自媒体人除了要有小心驶得万年船的严谨态度，还要有规避风险的意识。自媒体人有以下3个注意事项：第一，需要了解自媒体行业的相关法律法规，避免言行失当惹祸上身，一旦惹了祸就会前功尽弃，前途尽毁；第二，需要管理好自己的情绪，避免被人认为素质低下，因为形象一旦破坏了是难以挽回的；第三，重视自己的信誉，避免产生名誉上的污点，不然很容易失去粉丝的信任。

2.3.4 做讨粉丝喜欢的自媒体

在现实生活中，总有人告诉你要多说好话，做一个嘴乖讨喜的人，这话在职场中尤其在服务型职场中格外适用。自媒体营销也可以算是服务型职业，粉丝就是顾客，就像在淘宝上购物一样，客服的态度能让顾客给商品加分，同样粉丝欣赏你的文章，就会想认识你，如果你能够表现得讨喜一些，普通粉丝升级为铁杆粉的概率就会很大。做讨喜的自媒体有4大要点：第一，宽容待人；第二，礼貌待人；第三，耐心待人；第四，热情待人。

一个好的自媒体营销者必须要时刻谨记：粉丝即顾客，粉丝需要自媒体运营者认可他们的存在，粉丝和自媒体人之间的感情是互相增长的，尤其是刚起步的自媒体人，更没有资格耍大牌，或对粉丝爱理不理。下面以图解的形式介绍宽容、礼貌、耐心、热情的重要性，如图 2-15 所示。

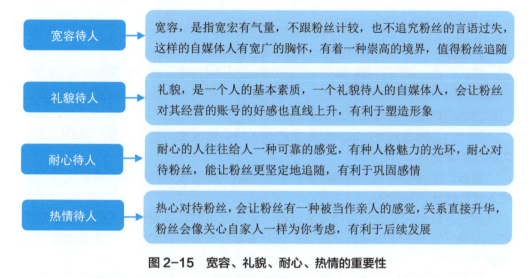

图 2-15 宽容、礼貌、耐心、热情的重要性

2.4 自媒体经营中的常见误区

目前，自媒体事业繁华异常，但是对于初入自媒体事业的新人来说，最容易被繁华迷了眼，不能够准确判断繁华现象后的骗局和误区，就一头雾水地往前冲，盲目地冲进行业误区绕不出来，虽然走弯路是成长路上必然要经历的，但还是希望大家能够尽量少走这种无谓的弯路。本节主要向读者介绍自媒体经营中的常见误区，希望读者能够联系自身情况进行比较和借鉴，找到解决自身问题的方法。

2.4.1 自媒体经营中的骗局

自媒体的复杂源于它的低门槛，由于自媒体不设限的开放性和简单的操作性，任何人都可以成为自媒体运营者，有的人参与进自媒体事业中，根本就不是为了成为一个自媒体人，而是想要借助自媒体平台的公开性和广泛的传播度，进行欺诈性的盈利行为。下面向读者举一个案例，说明为什么对互联网和自媒体一无所知的骗子能够骗到许多公司老板花钱去听他的课。

首先，自媒体骗子利用自媒体的便利性宣传自己的课程，来吸引看好自媒体发展的人花大价钱购买自己的课程获得收益，但扰乱了自媒体市场的秩序。

其次，自媒体的复杂性除了刻意的人为干扰以外，还有自媒体传播本身负面信息传递的不可控性，负面新闻爆发为什么不可控？是由于自媒体时代人人都掌握信息发布权，有的人就会匿名制造负面信息，影响个人或团体的名誉，对别人造成难以消除的影响。并且，因为这些负面的信息源难以查清，所以负面信息的传播也不好控制。

2.4.2 自媒体经营的误区

自媒体经营的误区非常微妙，有的误区就存在于制胜的法门中，比如积累粉丝、植入广告、增加转载和做有自己思想特色的自媒体，这些都是一个成功的自媒体经营者必须要做到的，但也容易让自媒体，新手走入误区，经营自媒体的法门和误区的比较分析有以下几点。

第一，当陷入只有产品没有粉丝的误区时，就需要运营者多推广自己，吸引大量粉丝来关注。

第二，把自媒体当广告单也是新手容易陷入的误区，这种情况需要经营者用植入式广告来增加收入。

第三，认为只要文章有转载量就行，其实文章的阅读量也是关键，因为有很多读者看了文章并不会转载，所以运营者需要写有吸引力的文章，让读者自发地转载。

第四，文章的内容过于主观霸道也会让读者反感，因此运营者最好让自己的内容有思想特色，以吸引读者。

2.4.3 巧妙化解复杂骗局

自媒体经营的复杂化，其根本原因还是市场混乱，不论是企业老板还是草根新手，被骗的原因也是基于对自媒体的渴望加上对自媒体的盲目相信，所以解决这一问题还要从认识自媒体入手。巧妙化解自媒体经营中的复杂骗局需要以下3个步骤。

第一步，学习自媒体知识，明白自媒体营销的含义。

第二步，把握自媒体的优缺点，明白自媒体的营运基础。

第三步，提高自己的辨别力，分析受骗上当的原因，走出复杂化市场乱象。

2.4.4 机敏避开误区

陷入自媒体误区虽然可怕，就像是生了一场大病一样，但是只要对症下药用对解决的方法，就能够快速痊愈走出误区，并且掌握经验以后，就像对这种病菌自然生成抗体一样，以后都能机敏地避开。

机敏避开自媒体误区的方法有以下4个。

第一，目的性增加粉丝，把真正有价值的客户聚集起来。

第二，技巧性植入广告，适当控制广告比例，软性植入。

第三，用户购买力分类，把力气花在购买力强的用户上。

第四，内容尽量客观，引发用户的思想共鸣和交友欲望。

第3章

自平台：17个推广技巧获取粉丝流量

学前提示

微信、微博是自媒体平台中的主力战场，任何个人或企业的推广营销都会在这两个平台上下一番功夫。实践也证明在这两个平台上所做的推广营销的确是成本低、效果好。本章主要向大家介绍微信、微博这两个自媒体平台的推广运营技巧。

要点展示

- 微信公众号的推广技巧
- 微信朋友圈的发文技巧
- 新浪微博平台的运营技巧

玩转自媒体（第 2 版）

3.1 微信公众号的推广技巧

微信公众号从自由性上来说，只需要注册一个账户，然后发布什么内容、什么时间发布、发布的数量都完全由自己做主，不需要固定发布时间、不需要协商版面，完全可以做到"我的地盘我作主"。而自媒体人在运营微信公众号的时候，如果想要让自己的公众号人气高、粉丝多，就一定要学会吸粉引流。接下来为大家介绍几个比较实用的公众号吸粉引流的方法。

3.1.1 通讯录的转化

通讯录转化是指运营微信公众号的自媒体人，将自己手机通讯录中的微信用户添加到自己的个人微信账号上，然后，向他们发送自己微信公众号的信息，从而将他们转化到自己的公众号上。这种吸粉引流的方法优点是转化率比较高，且粉丝长久度会更好；缺点是粉丝数量受到通讯录中人员数量的限制。

接下来为大家介绍一下将手机通讯录中的微信用户添加到个人微信上的具体操作过程：首先需要打开自己的微信，然后点击微信界面右上角"+/添加朋友/手机联系人"按钮，在弹出的列表框中选择"添加朋友"选项，如图 3-1 所示。

执行此操作后，即会进入"添加朋友"界面，在该页面需要选择"手机联系人"选项，如图 3-2 所示。执行操作之后，即可进入"查看手机通讯录"界面，只要点击右边的"添加"按钮即可，如图 3-3 所示。

图 3-1 选择"添加朋友"选项　图 3-2 选择"手机联系人"选项　图 3-3 点击"添加"按钮

3.1.2 朋友圈的推广

朋友圈推广指的是自媒体人在自己的个人微信号、企业微信号的朋友圈里发布软文广告或者硬文广告，让自己朋友圈里的朋友关注自己微信公众号的一种吸粉引流方法。

在进行朋友圈推广的时候，可以把自己微信公众平台上发布的文章，在自己的朋友圈发布一次，朋友圈中的朋友看见了，如果感兴趣就会点开文章阅读。可以坚持每天发送，只要文章质量高，自然而然能够吸引他们关注公众号。这种方法让自媒体人在分享自己动态的同时也宣传了公众平台，是很不错的推广方法，而且也不容易引起朋友圈中好友的反感。

朋友圈的力量有多大，相信不用笔者说，大家都知道，自媒体人可以利用朋友圈的强大社交性为自己的微信公众号吸粉引流。朋友圈的强大主要表现在两个方面：第一，自媒体人本身朋友圈的影响力；第二，朋友圈用户的分享和高效的传播能力。

而想要激起用户转发分享，就必须要有能够激发他们分享传播的动力，这些动力来源于很多方面，可以是活动优惠、集赞送礼，也可以是非常优秀的能够打动用户的内容，不管怎样，只有能够给用户提供价值的内容，才会引起用户的注意和关注。

以微信公众号"手机摄影构图技巧"和"茶颜悦色"为例，这两个公众号就会在自己的朋友圈推送自己公众平台上的文章，以此进行公众号推广，如图3-4所示。

图3-4 在朋友圈推广公众号案例

"手机摄影构图大全"平台，因为推送的内容是手机摄影构图技巧相关的干货知识，所以根据自媒体个人反映，通过这种方法收获了不少粉丝。而"茶颜悦色"则采用在自己公众号上举办小活动吸引朋友圈的朋友参加的方法，根据自媒体个人反映，同样也吸引了一大批粉丝关注公众号。

3.1.3 公众号的互推

公众号互推，也就是建立公众号营销矩阵，指的是两个或者两个以上的公众号自媒体人，双方或者多方之间达成协议，进行粉丝互推，以实现共赢的一种方法。

相信大家在很多微信公众号中，见到过某一个公众号会专门写一篇文章给一个或者几个微信公众号进行推广，这种推广就算得上是公众号互推。这两个或者多个公众号之间，其自媒体人可能是认识的朋友，双方或者多方之间约定好有偿或者无偿给对方进行公众号推广。

在采用公众号互推吸粉引流的时候，需要注意的一点是，找的互推公众号类型，尽量不要跟自己是一个类型的，因为这样自媒体人之间会存在一定的竞争关系。两个互推的公众号之间存在互补性最好，举个例子，你的公众号是推送主营健身用品的，那么你选择互推公众号时，就应该先考虑找那些推送瑜伽教程的公众号，这样获得的粉丝才是有价值的。

3.1.4 开展征稿、网络大赛

自媒体人还可以通过在公众平台上或者其他平台上开展各种大赛活动，进行吸粉引流。这种活动通常在奖品或者其他条件的诱惑下，参加的人会比较多，而且通过这种大赛获得的粉丝质量通常都比较高，因为他们会更加主动地去关注公众号的动态。

自媒体人可以选择的大赛活动类型非常多，但原则是大赛的类型要尽量与自己账号所处的行业、领域有关联，这样获得的粉丝才是有高价值的。接下来就向大家介绍其中的两种自媒体人可以开展的大赛。

1. 开展征稿大赛

自媒体人可以根据自己的公众号类型，在自己的账号上开展征稿大赛，这种做法可以是为自己要推送的文章进行征稿，也可以是为自己的出版物进行征稿的活动。采用征稿大赛吸粉引流，可以借助设置一定的奖品来提高粉丝的参与度。

以微信公众号"手机摄影构图大全"为例，该账号根据其自身的优势，在自己的平台上开展了一个"征图征稿"活动，如图3-5所示，是该公众号对这次举办的活动的相关介绍。

第 3 章 自平台：17 个推广技巧获取粉丝流量

图 3-5　公众平台开展征稿大赛活动的案例

2. 开展网络大赛

开展网络大赛指的是自媒体人在自己的微信公众号上举办一个网络比赛活动。活动的类型可以是多样的，比赛主办方会根据活动的情况设置一定的奖品，参赛者要在微信公众平台或者其他网络平台上报名，由网友提供投票，选出最终的获胜者。整个比赛活动的过程可以采用晋级制，也可以是一轮定胜负的。

如图 3-6 所示是微信公众号"玩转手机摄影"举办的"手机影像大赛"活动的部分展示。

图 3-6　公众号开展网络大赛吸粉引流的案例

31

3.1.5 巧用回复做推广

文章有人看,自然也会有人评论留言,而且每个人思考问题的角度都不一样,对于同一问题的看法和立场也不尽相同。自媒体人要去回复这些有自己的看法和立场的网友文章评论留言,其实回复留言的过程也就是与网友互动交流的过程。

虽然回复留言比不上彻夜长谈那种详细地交流,但是最起码我们能够知道去评论留言的那些人,还是对微信公众号很感兴趣的,并且有的时候还能提出一些有建树性的意见。

1. 回复语言要有魅力

笔者认为,巧妙回复网友文章评论留言,也是一种宣传推广的方式,通过与网友之间回复留言的互动,也可以帮自己的微信公众号进行宣传推广。留言功能开启之后,如何巧妙回复网友的文章评论留言?比如有网友评论留言说你的哪些东西做得好或者写得好,自媒体人应该肯定网友,回复一些赞美支持鼓励的语言。如图3-7、图3-8所示,为"手机摄影构图大全"微信公众号回复网友评论留言的例子。

图 3-7 "回复评论留言"例子 (1)　　图 3-8 "回复评论留言"例子 (2)

> **专家提醒**
>
> 自媒体人在回复网友评论留言的时候要根据不同的留言回复不一样的内容,而且语言风格尽量活泼风趣一点,伸手不打笑脸人就是这个道理。

2. 第一次回复要有新意

现在很多后台消息回复也开始变得活跃起来了,不再那么中规中矩地只是回复欢迎关注"XXX"了,因为很多消息回复都很类似,用户关注得太多,收到的类似消息也很多，容易产生疲劳感，觉得毫无新意。

- 后台回复的消息不宜太长，最好言简意赅，否则用户可能会没耐心看下去。不管自媒体人是要宣传，还是要推广，都应该先从用户的角度出发去看待相关问题。
- 后台回复消息也不能太短，因为你要宣传推广你自己的账号，如果太短了不能很好地向用户讲清楚自己的账号到底是做什么的，以及里面具有哪些内容。
- 后台消息要富有新意，不能一股脑儿地把关于自身账号的信息都"吐"出来，然后要求他们关注，这样会让用户感到厌烦，不能达到宣传推广的效果。

以"手机摄影构图大全"公众号设置的被添加自动回复为例，给大家介绍如何利用后台消息来达到宣传推广的目的。如图3-9所示，为"手机摄影构图大全"被添加自动回复消息编辑页面。编辑并保存后，新用户关注这一微信公众号，就会收到被添加自动回复消息。

自动回复的消息上面很详细地介绍了"手机摄影构图大全"微信公众号可以为用户提供1000多种构图技巧和知识，并为回复的朋友赠送15本价值500元以上的摄影技巧电子书。如果新用户感兴趣，就会点进去看。

图3-9 "手机摄影构图大全"被添加自动回复消息编辑页面

专家提醒

有新意的回复方式，能够潜移默化地吸引和引导新用户，让他们觉得这些文章对自己有实用价值就推荐分享给身边的人，这样既提高了自己文章的点击量，又推广了自己的公众号。

3.1.6 其他推广方法

下面介绍以下几种推广方法。

1. 软文广告推广

相信很多人都会在贴吧、朋友圈看到被转载的一些文章，这些文章大多数都是软文，而且传播率特别高。软文是由文案人员写出来的"文字广告"，文案人员将广告和文章内容情节融合在一起，不像硬性广告那么明显，消除了用户对广告的排斥性，吸引粉丝去订阅关注。自媒体人平时可以多搜集一些优质的软文，慢慢地将自己的微信公众号渗入进去，很快便可以为自己引流到一批活跃的粉丝。

软文引流具备两大特点：一是优质的软文能够被用户主动地传播；二是通常在软文中，商家的广告都隐藏得比较深。自媒体人除了可以在网上搜集之外也可以原创，文采够好的话能够为自己吸收大量粉丝。

2. 名片推广

名片是一种很好的宣传方法，微信平台的自媒体人可以将自己微信号的二维码印在名片中，然后在社交场所与他人交换名片，在结交朋友的同时获得一定的宣传推广机会。名片要设计得个性化一些，特别是公众号二维码的大小、位置以及颜色，要么简洁，要么新颖，引人注意。

设计好名片后，自媒体人就可以在参加一些行业大会的时候，将自己的名片递给那些潜在客户，在递名片的时候顺带介绍自己的微信公众号，这样就能增加对方扫描加关注的概率。

3. 官网推广

如果自媒体人有自己的企业，并且企业有官网，就可以通过自己的官网进行引流。通常在官网中的宣传，是通过软文或者活动来吸引用户，然后将他们引入到自己的微信公众号上，但是自媒体人在宣传推广的过程中，还有几个需要注意的事项，如图 3-10 所示。

4. H5 页面推广

H5 已经成为微信公众平台的引流新利器，很多自媒体人会通过 H5 制作出一些小游戏，来吸引用户，最早的比较吸引人的 H5 小游戏，要属《围住神经猫》了，如图 3-11 所示，这款游戏在朋友圈里引起了疯狂转载和讨论。

后来《旅行的青蛙》小游戏火起来之后，也有不少个人或企业做起了同类型的小游戏，如图 3-12 所示。

5. "摇一摇"

众所周知，微信的"摇一摇"功能非常强大，它利用了人们的好奇心，让人们通过"摇一摇"功能就能交到朋友。微信公众平台也有类似的功能，被称为"摇一摇周边"，登录微信后台，单击"添加功能插件"按钮，就能进入"添加功能插件"界面。

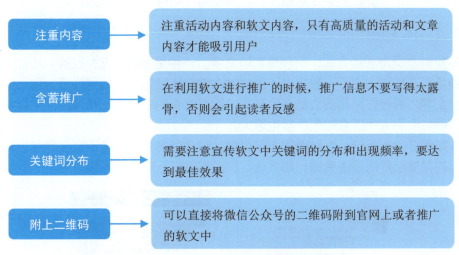

图 3-10 通过官网宣传推广的注意事项

图 3-11 《围住神经猫》

图 3-12 企业或个人制作的小游戏

3.2 微信朋友圈的发文技巧

文字的力量是非常强大的,在朋友圈进行营销推广,文案是必不可少的。本节主要介绍朋友圈发文的攻略和技巧,希望读者熟练掌握本节内容。

3.2.1 图文结合的文案更有吸引力

发朋友圈有 3 种方式,一种是发纯文字,一种是发送图文并茂的内容,还有一种是发送视频内容。一般来说,发文字内容会比发送视频要更快捷方便一些,但发文字内容最好采用图文结合的方式,图文结合的软文会比单纯的文字更加醒目、更加吸引人,蕴含的信息量也更大。

如图 3-13 所示,为自媒体人采用图文结合的方式发布的朋友圈信息,他们发图的数量都是比较讲究的,如 3 张、6 张都是在标准的发图数量中。

图 3-13 图文结合的朋友圈文案

3.2.2 朋友圈发文需要突出重点信息

一般来说,微信朋友圈只有 6 行能直接展示文字的功能,虽然没有字数限制,但最好是利用前 3 行来吸引微信用户的目光,将重点提炼出来,最好让人一眼就能看到重点,这样才能使人们有继续看下去的欲望。否则发布的内容太长,就会发生"折叠"的情况,只显示前几行的文字,而读者必须点击"全文"才能看到余下的内容。

微信作为一个社交平台，人们更愿意接受碎片式的阅读形式，不喜欢那种长篇累牍的文字，因此对于做微信软文营销的自媒体人来说，不要让自己朋友圈的内容太过冗长。

如图3-14所示，是自媒体人发布的朋友圈文章，都利用了前6行来吸引用户阅读，言简意赅，重点信息一目了然。

图3-14 重点突出的朋友圈文案

3.2.3 九宫格的图片数量最符合审美

在朋友圈文案的编写中，除了需要图文并茂以外，还要注意的是，张贴图片同样也有一些技巧。比如，贴多少张图合适？一般来说，配图最好是1张、2张、3张、4张、6张、9张这几个数字。

当然，如果可以，9张在朋友圈文案中来说还是最讨喜的。因为9张的照片在朋友圈中会显得比较规整，版式也会更好看一些，关键是说服力更强，可参考的依据更多。如图3-15所示，这两篇朋友圈发文信息中，图片都贴成了九宫格的样式，很好地体现了图文的丰富性，提高了文章的可阅读性。

图 3-15　朋友圈发布九宫格样式的文章

3.2.4　转载自媒体平台内容提升热度

平时在刷朋友圈时，除了个人编辑的内容以外，我们还能看见许多从自媒体平台被分享至朋友圈的链接，一般由公众号分享过来的内容是最多的。有的人靠微信朋友圈发家致富，有的人则依靠微信公众号销售产品，微商、网红、自明星们可以将自媒体平台的文章转载至朋友圈，扩大产品营销力度。

以微信公众号为例，一位名为"哈爸"的中年男子余春林就是依靠微信公众号以及腾讯媒体开放平台打下了日销 3 万元的成绩。余春林是一个自明星，运营着"哈爸讲故事"微信公众号。

他知道想要销售产品，第一步就是引流，所以余春林在"哈爸讲故事"微信公众号上通过发布绘本、育儿的软文信息内容吸引了一大批粉丝和读者。有了粉丝后，余春林就开始销售自己的产品了，他通过开微店的方式在朋友圈里进行了精准营销，同时通过一系列的促销打折活动，轻轻松松就创造了日销 3 万元的销售奇迹。

余春林能够成功的原因在于他抓住了家长们的心理需求，通过一系列的绘本分享和育儿教育相关的内容，采用图文并茂的形式将软文推送出去，成功地走进了家长们的心，在亲子教育这一块引起了共鸣。如图 3-16 所示，为"哈爸讲故事"微信公众号及故事列表。

图 3-16 "哈爸讲故事"微信公众号及故事列表

那么选好公众号文章之后,怎样才能分享到朋友圈里,扩大产品营销力度呢?下面介绍将公众号文章转载至微信朋友圈的具体操作方法。

步骤 01 打开公众号的文章列表,点击右上角的 按钮,如图 3-17 所示。

步骤 02 弹出相应的面板,点击"分享到朋友圈"按钮,如图 3-18 所示。

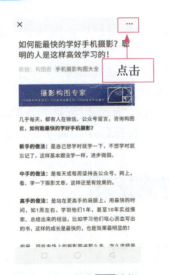 

图 3-17 点击 按钮　　　　图 3-18 点击"分享到朋友圈"按钮

步骤 03 进入文章编辑界面,❶在文本框中输入相应的文本内容;❷点击"发表"按钮,如图 3-19 所示。

步骤 04 执行操作后，即可将微信公众号中的文章转载至自己的朋友圈中，如图3-20所示。

图3-19　点击"发表"按钮　　　　图3-20　将文章转载至朋友圈

3.2.5　用热点来提高文案的阅读量

"热点"之所以"热"，正是由于它的普遍性和全民性，也就是说这些信息是大部分人都知道的。所以，用这些"热点"信息作为文案撰写的引入点，可能会带来更高的阅读量。当然，在编辑朋友圈文案时，最好也将这些热门词句植入标题当中。只有标题有意思，才能带来一定的点击率。

例如，在2018年因为抖音火起来的一句歌词"确认过眼神"，热度一直居高不下，被各大营销号引用。如图3-21所示，为在标题中植入了"确认过眼神"这一热点并分享到朋友圈中的软文案例。

图3-21　分享到朋友圈的热点文章

图 3-21 中的文章，因为本身的有趣和热点对人们的吸引力，进而受到了网友们大量的关注。所以，在写文案的时候，尽量加入一些新鲜热点，这样不仅符合人们的猎奇心理，还有利于运营和推广。但要注意的是，"热点"这种东西，具有一定的时效性。所以自媒体人应该紧跟潮流，了解分析最近的趋势，过了大势的流行用语就不要再拿出来用了，否则只会让人意兴阑珊。

3.2.6 传递正能量才有持续的关注

在这个快节奏的时代，工作一天的人们好不容易抽出一点时间翻看朋友圈，肯定希望能有一个相对轻松和愉悦的环境。在这种情况下，消极的情绪是不讨他人喜欢的。所以说，在朋友圈中，我们最好能够发布一些正能量的内容，让人觉得积极向上，感受到你个人的热情与温暖。那么我们应该如何让用户感受到我们的正能量呢？一般有两种模式，具体内容如下。

1. 模式 1：原创内容 + 自身故事

所谓"原创内容 + 自身故事"，即"我"最近经历了一些什么样的事情，得到了哪些感受，从中学到了什么东西，将来会如何具体地实现这个想法等内容。一般这种文章不宜过长，不然用户会不愿意读下去。

而且对语言文字功底的要求会略高，否则这种题材一不注意就容易写成鸡汤文。所以，自媒体人要多多阅读与积累。当然，除了"感受"外，我们还可以将最近学会的某个技能或进步写进文章里。这样比起单纯文字上的能量来说，更能激励朋友圈中的好友，还能提高他人对你的评价与看法。如图 3-22 所示，为朋友圈的原创正能量内容。

图 3-22 朋友圈的原创正能量内容

2. 模式2：转发公众号中的美文

从公众号转发的正能量的美文，要是出自用户自己的公众号的话更好。因为它除了可以为朋友圈营造正能量以外，还能潜移默化地宣传自己的账号，一举两得。

当然，自媒体人也要注意，转载的内容不要太心灵鸡汤。按照现下的趋势，最好能与中国传统文化挂钩，内容的选取也要注意不要有太多繁文缛节。这样既能起到激励人心的作用，又能让人觉得你博学多才。

3.3　新浪微博平台的运营技巧

新浪微博的特色在于公开、无门槛，在新浪微博上活跃的人，无论是普通人还是影视明星、政企名人、教育学者都处于曝光的状态下，想要获得这些人的动态甚至无须经过他们本人的同意，只需要按下"关注"键即可。因为新浪微博这种面向大众的互动公开，所以用户愿意称之为"大众情人"。本节主要向读者介绍新浪微博平台及其推广技巧。

3.3.1　新浪微博平台简介

现在国内有4大主要的微博平台，分别是新浪、腾讯、网易和搜狐。其中用户基数最多、流量占比最庞大的微博平台是新浪微博，新浪凭借着其强大的用户量，成为微营销的最佳选择。

新浪微博作为娱乐社交软件中的大众情人，彻底地实现了无障碍沟通，任何阶层、任何机构、任何人群都有可能因为同一条热门微博凑在一起说话，交流彼此的意见和见解。因此，新浪微博平台更像是一个"公共议事厅"。

虽然新浪微博的发展时间并不长，但它给企业或商家带来的营销力量却是惊人的。在互联网与移动互联网快速发展的时代，它凭借其庞大的用户规模以及操作的便利性，逐步发展成为企业微营销的利器，为企业创造了巨大的收益。

通过微博营销，企业、商家或个人可以满足自身的各种需求，进而获得商业利益。在微博平台，企业、商家或个人只需要用很短的文字就能反映自己的心情或者发布信息，这样便捷、快速的信息分享方式使得大多数企业与商家开始抢占微博营销平台，利用微博"微营销"开启网络营销市场的新天地，这也给自媒体人带来了不少机会。

微博营销包括4个内容：第一，价值传递；第二，布局与定位；第三，内容互动；第四，准确定位。这4个内容的范围又有微博认证、有效粉丝、微博话题、名博、开放平台、整体运营等。

3.3.2 新浪微博平台的粉丝优势

粉丝都有和偶像近距离接触的愿望，偶尔能说上一句话就能兴奋好多天。新浪微博采取名人明星策略，邀请名人明星率先试玩，并对他们进行实名认证。在此基础上，粉丝们纷纷转化成用户，形成了微博平台最大的粉丝优势。

名人明星的带动效应下为微博平台带来了粉丝，并在粉丝的二次传播下，带动了更多社会个人的踊跃参与，粉丝成为微博平台的优势。但是对于自媒体经营者而言，微博粉丝再多，也并不是直接的账号粉丝，自媒体人本身的名气也无法和名人明星相比，所以就需要主动地去吸引粉丝关注自己的账号。下面为读者介绍几个微博增长粉丝的方法。

- 通过微博认证增加可信任度。
- 互粉大厅互粉是快速涨粉通道。
- 微博名涉及明星，吸引用户关注。
- 多和名人互动，借势宣传自己。
- 做活动吸引用户关注，增加账号名气。

专家提醒

经营微博自媒体如同下海经商一样，成功了便能直挂云帆济沧海，不成功就只能淹没在茫茫人海中。

3.3.3 微博营销前的筹备工作

微博营销是继微博诞生后催生出来的一种新型营销模式，通过一对多的互动交流方式，以及快速广泛传播，为自媒体人带来了良好的推广平台。自媒体人可以利用微博 140 字的内容信息功能来跟粉丝进行互动交流。在这个大社交舞台上，只要通过一定的软文营销策略就能推广自媒体的品牌和产品信息，树立良好的自媒体人形象和产品形象，从而达到营销的目的。

下面来看看使用微博营销前的基本资料设置。

1. 微博取名原则

自媒体人要为微博设置一个好名字，才能吸引到用户的注意，但微博的名字也不是随便取的，需要遵循以下 4 点原则。

- 昵称不要太长，控制在 5 个字左右。
- 让消费者从昵称上知道你是做什么的。
- 昵称要突出所在行业的关键词。

- 让消费者从昵称上知道能获得什么。

2. 头像设置技巧

微博头像的设置要有辨识度,能一下子知道你是做什么的最好。对于自媒体企业或者商家微博的头像,要让人一看就印象深刻。

关于头像的设置笔者总结了几点技巧,具体如图 3-23 所示。

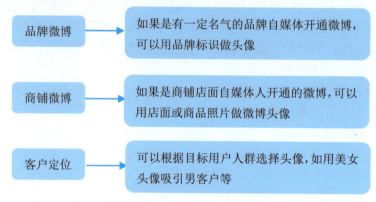

图 3-23 微博头像设置的技巧

3. 标签设定规则

标签的设定也是很讲究的,下面就来介绍设置微博标签的一些规则。

(1)提高匹配度:如何提高标签的匹配度?可以设置 10 个关键词,前 6 个完整的关键词站在消费者的角度进行撰写,如穿搭美妆类的自媒体人标签,可以写"穿搭""变美""美妆"等。后面 4 个就把一个词分开写,例如美、穿、妆等,这样做的目的是让用户搜索一个字能匹配到你,两个字也能匹配到你,三个字也能匹配到你。

(2)定期调整:自媒体人要根据用户的搜索习惯定期调整标签的词汇,具体做法是,提前准备十几组标签词汇,定期去看用户的搜索习惯,根据被搜索最多的词汇来调整自己的标签。

(3)合理排序:选好了标签词,就要进行优化,例如前面的 6 组词都用 4 个字的词语,从第 7 组词开始,按照 4、3、2、1 个字的顺序来写,如"穿搭美妆""穿搭,妆""变美""美"。

(4)重视节假日:标签词最好一个月换一次,如果遇到节假日就更换与之相关的标签词,如"母亲节",就把"母亲节"写进标签里,当人们搜索关于母亲节的词汇时,就能快速搜索到你的微博了。

4. 介绍基本信息

简介是微博账号"基本信息"里的最后一项内容。可以根据自己的产品准备很多词组，去掉个人标签用掉的几个，剩下的可以写到简介里，如图 3-24 所示。

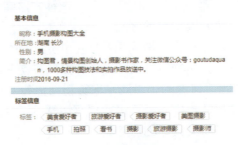

图 3-24 "手机摄影构图大全"简介

简介的内容要考虑搜索概率来写，需要注意的是词语之间要用空格隔开，不要用任何标点符号，另外写完后可以加上电话号码或者微信、QQ 号，但最好不要写网址，因为对于手机用户来说写在简介中的网址是无法跳转的。

5. 增加资料可信度

完善的资料除了个人标签、个人介绍、头像这几项内容之外，还有工作信息、职业信息等也要完善，这样用户才能根据里面的关键词搜索到你，而且还会给人一种真实的感觉，从而增加用户的信任感。另外，最好绑定手机，这样才能充分利用微博的高级功能，否则有些功能是用不了的。

3.3.4 把握微博营销的推广策略

微博营销最注重的是价值的传递与内容的互动，正是因为有这两点，微博才能迅速火热起来，并以显著的营销效果创造了巨大的商业价值。然而，利用微博进行营销，第一件事就是要增粉，有了粉丝才会有客户，自媒体营销者才能根据他们的特点制定准确的营销方案，进行营销。那微博要怎么吸粉呢？下面为大家介绍几种方法。

1. 建立微博粉丝群

微博群是为微博粉丝提供一个围绕某个话题交流和讨论的场所，群内的成员往往都是对这一话题关注的人，如果自媒体人能常常发一些用户关注的内容，经常和群内的用户进行交流讨论，帮助用户解决问题，甚至成为群内的名人，那么群内的用户也会慢慢转变成自己的粉丝，抑或自己建一个群，与粉丝进行互动交流，拉近彼此之间的距离。那么自媒体人该如何利用微群与粉丝互动呢？主要是要做到以下几点。

(1) 积极耐心地与粉丝互动，在发现微博评论中或他人发布的微博中有一些有必要回复的问题后，要根据不同问题的性质，进行不同方式的回答。

(2) 发布一些搞笑、有震撼力、有争议的图片、视频、短的软文段子等，通过其他用户的转播评论，再与其他人进行互动。这种方法需要的人力和时间比较多，如果能广泛传播，其效果也是很好的。

(3) 在每天发完几条微博后，需要不断地监测粉丝们的回复以及粉丝们主动发布的与自己有关的帖子，这种行为实际上是在提高互动率。

(4) 通过一些测试题、有趣的小游戏来聚集粉丝进行互动，这种方法相对来说是比较稳妥的，比如抓住一类人喜欢进行星座情感测试问题小游戏的心理，来进行传播宣传，达到互动软文营销的目的。

(5) 重视原创微博的水平，坚持让微博原创软文在素材选择上恰当，在表达方式上轻松，在商业元素上更软化的微博帖子很容易引起粉丝们的关注并进行转发。

2. 积极互动

进行微博互动营销，最主要的一点就是要主动与别人进行互动。当别人点评了你的微博后，你就可以和他们进行对话，还可以利用微博举办一些具体的活动，以此来加强与粉丝的互动。在互动的过程中，可以挖掘客户或者潜在的客户，来实现产品或内容的互动营销。

自媒体人可以举办一些抽奖活动或促销活动来吸引用户的眼球，进而增加与粉丝的互动。在抽奖活动中还可以设置一些条件。比如，用户按照一定的格式转发或评论相关信息，这样就有机会中奖。如图3-25所示，就是某博主的活动互动信息。

图3-25　微博活动转发的互动信息

总之，只要不断地和粉丝保持互动，对粉丝发布的微博经常转发、评论，让粉丝感觉到自己的诚意，就可以获得粉丝的信任。

3. 利用广告牌推广

微博有一种广告牌，主要用来宣传推广。微博用户只要开通会员就可以对背景进行自定义设置，然后将自己的二维码、微信、QQ、网店地址等具体信息写在里面，当别人打开自媒体人的微博主页时，就可以看见所有的联系方式。自媒体人的微博最好申请认证，微博的个性域名可以用官方网址，没有官方网址的可以用自己的英文名字或者微信号。

4. 推广硬广告

硬广告是生活中最常见的一种营销方式，它指的是人们在报纸、杂志、电视、广播、网络等媒体上看到或听到的那些为宣传产品而制作出来的纯广告。其中，微博中的硬广告传播速度非常快，涉及的范围也比较广泛，常常以图文结合的方式出现，也常伴有视频或者链接。以下是微博广告的4大特征。

- 形式多样。
- 位置固定。
- 内容鲜明。
- 需要付费。

一般用户对各种硬广告大都有排斥的心理，因此在发布广告时，营销文字不要太直接，要学会将硬广告软化，巧妙地把广告信息设置在那些比较吸引人的软文里。生硬的广告只会让用户产生反感的情绪。一般在发布广告时，最常见、最直接有效的微博硬广告方式是图文结合形式的广告，除此之外在优化关键词的时候，也应多利用那些热门的关键词，或容易被搜索到的词条，来增加用户的搜索率。

5. 把握公关回复

公关危机是各大自媒体人都可能面临的重要问题。尤其是在这个病毒式传播的互联网时代，用户对产品或对自己的负面评论很可能导致自媒体人直接面临公关危机。但是，作为一个信息共享的社区，微博的传播速度是非常快的，只要掌握了正确处理公关危机的技巧，就能够及时地将危机降到最低。

专家提醒

微博公关是自媒体人解决公关危机的一种新的方式，利用微博平台进行危机公关不仅效率高，而且影响大。通过参与和回复关注者的评论的方式，还可以实现与用户的互动，进一步影响舆论。

在面临公关危机时，自媒体人可以采取相应的措施来解决公关危机，做好微博公关需要掌握以下两点。

第一，多传播个人信息，树立良好的个人形象。

第二，找一个专业强、效率高、影响大的公关团队。

6．构建微博营销团队

如今，微博营销已完全步入成熟阶段，但是它依然需要专业的人员才能发挥最大运营效果。如何招纳这些人才来建立微博营销团队呢？如图3-26所示。

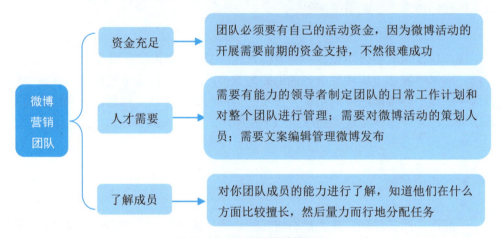

图3-26　构建微博营销团队

7．编辑个人标签设置

微博个人标签能让用户搜索的时候快速找到你，还能增加在搜索结果中排名靠前的概率。个人标签的设定是非常讲究的，它的设置是有一定规则的，自媒体人不能盲目地设置个人签名，不然不但没什么效果，反而会对微博的营销起到阻碍的作用。那么，微博个人标签的设置有哪些规则呢？下面对微博个人标签设置的规则进行图解分析，如图3-27所示。

8．品牌营销策略

在微博的平台里，自媒体人可以对用户进行实时跟踪，从而快速地了解到用户对产品或品牌的质疑以及请求帮助等信息。

还可以通过微博来回复用户的信息，以解决用户的问题，避免用户因为不满而大规模地在网络上传播自媒体人的不利信息。微博服务平台能快速解决用户问题，有效地提高用户的满意度，并实现品牌真诚度的累积。

9．话题营销策略

一般来说，微博用户在打开微博之后，大都会先选择微博里的那些好玩的内容来浏览，然后就是查找热门微博或者是查看热门话题。因此自媒体人可以抓住用户的这一习惯，借势进行话题营销。

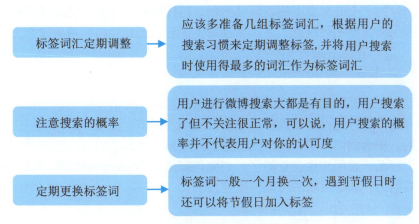

图 3-27　微博个人标签设置的规则

在进行话题营销时，首先应该了解用户对什么话题感兴趣，然后把这个话题策划成自己营销的内容，这样用户在搜索话题时，就可以搜索到自己的内容了。自媒体人在发微博的时候，应该对热门关键词加上双井号，如：#热门关键词#，这样就可以增加用户的搜索率了。

但值得注意的是，自媒体人在进行微博运营时，还应该适当地转发别人的微博，对别人的微博进行留言。这样的话，不仅可以加强彼此的互动，也可以获取更多博主的信任。你对别人的关注度高，别人也会对你更加关注，这就是微博营销的主要策略。但是，在转发别人的微博时一定要把握好度，转发过多、留言过多、互动过多的话，只会让别人感到厌烦，甚至对你取消关注。

因此我们在进行微博运营时一定要坚持适度原则，只有把握好了度，才能让微博营销真正达到自己想要的效果。总之，话题营销是自媒体人在进行微博营销时采用的主要方式之一。在进行话题营销时一定要注意选择适当的话题，只有将品牌或个人的实际情况融入适当的话题，才能够取得话题营销的成功。否则，只会让营销内容显得格格不入，既不能达到目的，也不能让微博用户信服，这样的微博营销就变得毫无意义了。

3.3.5　玩转微博营销的小技巧

微博平台的作用是提升品牌与消费者的互动体验及品牌影响力，进一步拉近品牌与消费者的沟通距离。为了达成这个目标，多个方面的攻略缺一不可，尤其是对于想要通过微博创建成功效果的平台而言。下面教大家一些微博营销的小技巧和攻略。

1. 坚持长期更新，保持活跃度

微博作为一个非常重要的自媒体平台，自媒体人一定要长期坚持更新微博。因为只有保持微博的活跃度，才不会被粉丝遗忘，因此要将微博运营作为长期的战略。

2. 主动出击，提高回访关注度

做自媒体当然不能一直都等着别人来关注自己，应该学会主动出击。主动去关注目标用户的行为，在很大程度上会促使用户回访，因为一般微博用户得到新粉丝之后，都会回访一下关注人的微博。如果自媒体人的微博内容能够引起用户的兴趣，那么一般用户也会互粉了。如果自媒体人的个人资料比较丰富，头像也非常有吸引力，那么互粉的可能性就更大了。

3. 评论转发，引起潜在用户注意

自媒体人可以在微博粉丝用户的博文下写一些有价值、有深度的评论，引起潜在用户的注意。而进行转发会容易让用户会觉得自己得到了尊重，自己发表的东西有人懂得欣赏，又找到了一个志同道合的朋友。于是用户和自媒体人之间就建立起了互粉的桥梁，届时用户成为粉丝也就不是什么难事了。这种方法需要坚持做、用心去评论别人的信息，才能取得好的效果，不能忙着打广告急着推广。

4. 抓住话题热点

微博的"热门话题"是一个制造热点信息的地方，也是聚集网民数量最多的地方，自媒体人要利用好这些话题，发表自己的看法和感想，提高阅读和浏览量。还可以利用内容连载的形式来发表话题，引起一部分人的关注。如图 3-28 所示，为知名自媒体美食博主李子柒的微博，她借助了中秋节的热门话题展开内容做推广。

5. 挖掘微博软文的故事

这里的故事不仅仅指古时候的历史故事，还指个人经历或者创业史等。如图 3-29 所示，知名财经自媒体人吴晓波就在微博中通过讲故事的方法分享了自己的观点，这种方式也能很好地拉近博主和读者之间的距离。

图 3-28　根据热门话题展开营销的案例

图 3-29　吴晓波的微博文章内容

6. 制造原创性新闻内容

面对微博这个人流量庞大的即时性平台，自媒体经营者要学会给自己制造新闻，虽然发布新闻的方式不多，但是新闻的内容却可以有很多，例如：

- 获得知名企业融资。
- 接待社会知名人士。
- 参加知名的活动等。

微博自媒体人要密切关注和发布上面所提到的信息相关的内容，这样才能保证新闻永不断，让消费者随时都能看到有关的消息。另外，制造新闻还要讲究一定的原则，要有依有据、真实可靠的内容，也可用通过新闻来植入软性的产品广告。

7. 学会用 @ 符号

在博文里"@"明星、媒体、企业，如果媒体或名人回复了你的内容，就能借助他们的粉丝扩大自己的影响力，若明星在博文下方评论，则会受到很多粉丝及微博用户关注，那么产品肯定会被推广出去。

如图 3-30 所示，为 papi 酱的微博，用 @ 明星的方式进行推广。

图 3-30　"papi 酱"微博 @ 明星

8. 140字打造精华

自媒体人在微博上进行软文营销时,最好的方法是写140字的软文内容,虽然我们可以发长微博,但人们不会花费太多的时间去仔细查看长篇大论的微博,因为人们对精简的微博软文会更感兴趣一些。但发140字内的微博软文要注意以下几点技巧。

(1) 40字以内吸引住眼球:在进行推文的时候,最好在前40个字以内就吸引住网民的眼球,那样才会有效果。比如很多商家在发布开店的微博软文时,就会用短短两行字直接说明主题,让有意向的人一眼就被吸引住。

如图3-31所示,papi酱的这篇微博用了"特别的地方、特别的人、张艺谋导演",短短几句话有3个转折,极具吸引力。

(2) 多用疑问句:在微博软文内容中,可以多用一些疑问句,这样就相当于抛出一个话题供消费者讨论,引起更多人的讨论和共鸣。如图3-32所示,是知名自媒体人罗振宇发布的疑问句微博内容。

图3-31　papi酱的微博内容　　　　图3-32　罗振宇的微博内容

(3) 罗列信息:进行微博软文营销时可以使用1、2、3等编号形式将软文的信息罗列出来,这样能够更清晰地阐释软文内容。如图3-33所示,微博上的一位美妆博主就在进行软文营销时将产品内容用编号的形式罗列了出来。

9. 勇于向对手学习

我们要擅长向竞争对手学习。对于同一个产品或者同类型的内容,要仔细研究对手的特点,然后取长补短,找出自己的优势所在,将自己具备的优势而对手不具备的优势在博文中体现出来。

在与对手比较的过程中,要注意不能刻意诋毁对手,要站在客观的角度进行文案创意。不能为了达到自己想要的营销效果,就刻意去诋毁对手的弱势,这样很容易在粉丝心目中树立不好的形象。

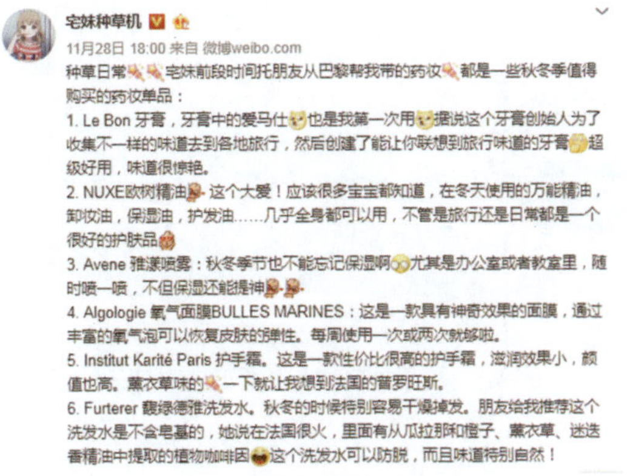

图 3-33 美妆博主罗列信息的博文

3.3.6 避开微博营销的这些误区

在进行微博运营时,不仅要掌握微博的推广技巧,还要学会规避微博营销的误区,只有这样才能避免造成一些不必要的损失。自媒体人不要急于刚进驻微博平台就能取得明显的营销效果,微博营销是一个循序渐进的过程。

我们只有认清自己的位置,找准合适的目标,并且巧妙地规避误区,才能够在微博平台上开辟出一片属于自己的营销天地。下面主要对微博运营几个方面的误区进行具体分析,自媒体人应该重视,以便在自身进行微博运营时可以做到成功地规避误区,以真正地实现微博营销的价值。

1. 误区 1:所有风格的自媒体都适用

微博作为一种新型的营销工具,相比其他平台而言,也有自身的短板。因此,并不是所有风格的自媒体都适合进行微博营销。以下为微博自身的缺点。

- 营销信息碎片化。
- 评论关联性较差。
- 信息表现能力较弱。

任何营销工具都不是万能的,都有其自身的短板,微博当然也不例外。因此在进行营销时,就要对营销工具进行正确的选择。但是,选择好正确的营销工具还是不够的,自媒体人还应该运用正确的营销方法才能够打响营销之战。如图 3-34 所示,为微博营销的正确做法。

自媒体人在进行营销活动时,一定要找准适合自身发展的营销平台,要知道,并不是所有风格的自媒体都适合利用微博来进行营销。那些不适合利用微博进行营销的自媒体人应该早点寻找适合自己的发展平台。比如,微信、今日头条、网易号等。只有找准适合自身发展的平台,在运营过程中才能够有明显的营销效果。

```
                              ┌─ 对自身发展及相关产品的特点进行了解
                              │
                              ├─ 对产品进行精确的定位，锁定目标群众
微博营销的正确做法 ────────────┤
                              ├─ 加强用户互动，稳定客户群和扩大潜在客户
                              │
                              └─ 抓住潜在客户的特点并保证具有一定数量的客户
```

图 3-34　微博营销的正确做法

2. 误区 2：转发量大多就是效果好

很多自媒体人总会认为，某条微博的评论数或转发数非常大，说明这条软文营销效果不错，其实不然，光靠用评论数和转发数来评判软文营销的效果并不那么精准，因为有些转发也是无价值的，因此在进行微博软文营销的时候，自媒体人需要从以下两方面对营销效果进行判定。

（1）水军：有些经营产品的自媒体人会将微博软文营销外包给其他中介公司来做，而这些中介公司有时候为了让营销效果从表面上看起来特别好，就雇用了大量水军来进行转发和评论，但这些水军并不是真正的粉丝。因此这类自媒体人想要获得真正的粉丝，还必须整治水军账号，谋取真正的粉丝转发量。

（2）质量：自媒体人需要注重软文营销的质量，而所谓的质量，就是指在运行软文营销的过程中，要考虑"评论中有价值的评论有多少？""转发里是否存在高质量账号""高质量账号有多少"，如果这几个数据都很低，那么整个软文营销的效果则不能算好。

3. 误区 3：唯一的自媒体营销平台

一般来说，营销活动都不是通过某一个单一的渠道就可以完成的，只有利用各种平台进行营销才能取得较好的效果。那些为了夸大微博的营销作用，称只要把微博这个平台利用起来就不再需要其他营销渠道的说法是错误的。

微博是一个很好的营销平台，但不是唯一的平台，我们可以打通多种营销渠道，采取多面夹击的方式，获取粉丝用户。

4. 误区 4：只需要发布营销的软文

有些自媒体人在运行微博软文营销的过程中，由于营销方式很多，造成忙不过来的情况，他们就会请一些兼职人员，规定他们只要平均每天发一条微博软文，就算微博软文营销任务基本完成。这样做的后果很有可能削减微博软文营销的

效果。

微博软文营销的关键就在于微博软文发布后，不断地与用户进行互动，来保持或增加用户对微博的关注度。因此，软文营销并不局限在发布软文上，它是由很多小环节，一环扣一环而组成的，并不是每天发布软文就算完成微博营销的任务，因为这样可能起不到任何营销作用。

5. 误区 5：发完帖子就算完成营销

对于微博营销来说，每天发帖固然是好事，但是那种认为只要每天发帖就算完成微博营销的想法和做法，是错误的。原因很简单，并不是每天发的帖子都能够产生营销推广的效果，也并不是每天发帖子就能够促进产品的营销。其实进行微博营销时有很多发帖技巧，下面进行图解分析，如图 3-35 所示。

在进行微博营销时不仅要掌握这些发帖的技巧，也需要安排专业人员来进行官方微博的维护，以及利用微博小号进行品牌舆论的宣传，以扩大用户群体。对于微博营销来说，定期更新合理的内容，制造引人热议的话题，才会形成品牌价值，进而收获更高的营销价值。

```
                    ┌─ 不断地通过评论、回复与博友进行互动
                    │
   微博营销的       ├─ 帖子没有任何响应时要想办法挑起话题
   发帖技巧        │
                    ├─ 应该花费足够的时间与用户互动
                    │
                    └─ 微博应全天候地处于登录状态
```

图 3-35　微博营销的发帖技巧

第 4 章

自门户：12个网站架设亿级涨粉渠道

学前提示

对于运营者来说，粉丝数量自然是越多越好，尤其是高质量的粉丝，因此本章将为大家介绍运营者可以用来进行细分引流的12个网站流量平台，并且以其中的今日头条平台为例，为大家进行推文导粉的实战介绍，帮助运营者获得更多流量。

要点展示

- 今日头条平台的入驻和推文
- 其他媒体网站的引流与推文

4.1 今日头条平台的入驻和推文

现在网络上可以用来获得流量的平台有很多，各平台的受关注度也会不一样，因此自媒体运营者选择出最适合的平台也是很重要的。本节笔者主要阐述今日头条平台的入驻和推文方法。

4.1.1 了解今日头条平台

今日头条平台，是张一鸣先生于 2012 年推出的一款个性化推荐引擎软件，它能够为平台的用户提供最有价值的各种信息。如图 4-1 所示，是今日头条的官网入口以及部分平台介绍的内容。

图 4-1 今日头条官网入口

今日头条从创立日开始，其用户数量就不断地实现突破，平台庞大的用户量，为微信公众平台运营者吸粉、引流提供了强有力的支撑。今日头条平台具有以下 7 个方面的特点。

1. 基于数据分析的推荐引擎技术

今日头条最大的特点是能够通过基于数据分析的推荐引擎技术，将用户的兴趣、特点、位置等多维度的数据挖掘出来，然后针对这些维度进行多元化的、个性化的内容推荐。推荐的内容多种多样，包括热点、图片、科技、娱乐、游戏、体育、汽车、财经、搞笑。

举例来说，当用户通过微博、QQ 等社交账号登录今日头条时，今日头条就会通过一定的算法，在短短的时间内解读出使用者的兴趣爱好、位置、特点等信息，用户每次在平台上进行操作，例如阅读、搜索等，今日头条都会定时更新用户的相关信息和特点，从而实现精准的阅读内容推荐。

另外，用户登录今日头条也很便捷，除了注册的头条账号外，还可以用手机号、QQ 号、微信号来登录，如图 4-2 所示。

2. 推送内容全面、及时

在今日头条平台上，其涵盖的资讯范围非常广，用户能够看见各种类型、领域的资讯内容，以及其他平台资讯上推送的信息。如图 4-3 所示，是今日头条平台上内容涵盖的范围。而且，今日头条平台上新闻内容更新的速度非常及时，用户几分钟就可以刷新一次页面，浏览新信息。

图 4-2　用户登录今日头条的方式

图 4-3　今日头条平台上内容涵盖的范围

3. 精准推送

今日头条能够根据用户所在的地理位置精准地将当地新闻推送给用户，并且还能够根据用户的性别、年龄层次、兴趣爱好等特征，将用户最感兴趣的信息推送给用户。

4. 互动性强

在今日头条推送的大部分信息下，用户都可以对该信息进行评论，各用户之间也可以进行互动。

5. 信息分享与传播便捷

今日头条平台为用户提供了方便快捷的信息分享功能，用户在看见自己感兴趣的信息之后，只要单击页面上的转发按钮即可将该信息分享、传播到其他平台上，例如新浪微博、微信等。

6. 云端存储

用户只要登录自己的今日头条账户，在该平台上评论或者收藏的信息就可以自动存储起来。只要用户自己不删除，不论是在手机端还是电脑端，登录平台账号之后都可以查看到这些信息，完全不用担心这些信息丢失。

7. 支持两种客户端登录

今日头条平台为了方便用户的使用，推出了两种客户端。

1) PC 客户端

今日头条的 PC 端首页非常简单，在首页左侧部分显示的是今日头条涵盖的新闻类型，在页面中间部分显示的是新闻消息和广告，右侧会显示广告以及 24 小时热闻，如图 4-4 所示。

图 4-4　今日头条平台主页

每过几分钟，今日头条 PC 端的首页，系统就会提醒用户刷新以观看新的新闻资讯，这样能够使得用户及时浏览新消息，同样也可以增加今日头条平台上新闻创作者文章的阅读量。

在今日头条的 PC 端，用户只要单击页面右上方自己的头条号昵称，则可以在这里查看自己收藏过的信息、自己的关注量和粉丝量以及其他相关的信息，如图 4-5 所示。

图 4-5 查看"收藏""关注""粉丝"等相关信息

2) 手机客户端

为了更方便地为用户推荐头条新闻，今日头条开发了专属的今日头条 APP。如图 4-6 所示，为今日头条手机客户端的主页面。

图 4-6 今日头条 APP

今日头条移动 APP，还具有社交分享功能。如果用户看到喜欢的内容，想要和朋友分享，就可以直接点击转发按钮，分享在微信朋友圈、微信好友、QQ 好友以及 QQ 空间中，还可以对网页链接进行复制操作，如图 4-7 所示。

图 4-7　今日头条软件的分享功能

4.1.2　注册个人类型头条号的条件

运营者在注册今日头条平台账号的时候，需要弄清楚今日头条的注册条件是什么，这样做的目的是减少花费不必要的时间与精力。注册今日头条可以从两种情况来理解，第一个是注册今日头条账号，第二个是注册头条号，这两种情况的注册条件是不一样的，所拥有的权限也不同。

1. 注册今日头条账号

运营者如果只是想要注册今日头条的账号的话，那么条件很低，只要运营者拥有邮箱、QQ 空间、微信等社交平台中任意一个平台的账号即可登录今日头条。

当然，如果运营者只是注册今日头条账号，那么所获得权限也会比较少，只能浏览各种资讯，参与各种资讯的讨论、留言、转发等，不可以在平台上发布各类资讯消息。

2. 注册头条号

如果运营者要注册头条号，那么其注册条件就会相对严格一些。具体条件有以下两项：第一，运营者必须年满 18 周岁；第二，能提供真实、可信的辅助材料。

运营者能满足这两项最基本的条件，即可申请注册头条号。注册头条号通过审核后，运营者不但能够阅读、评论、转载平台上的各类资讯文章，还可以将自己写的文章发布到平台上，成为平台上文章的创作者，并以此获得一定的收益。

4.1.3 登录头条号的后台管理页面

一般运营者成功注册头条号之后，系统就会自动跳转到头条号的后台管理页面。但是平时运营者要怎样进入头条号的后台管理页面呢？接下来，笔者将为大家介绍怎样登录头条号的后台管理页面。

（1）运营者需要在今日头条官网首页单击"登录"按钮，如图 4-8 所示。

图 4-8　单击"登录"按钮

（2）执行此操作后，即可进入登录头条号的页面，运营者在该页面要填写账号的相关信息，然后单击"登录"按钮，如图 4-9 所示。

图 4-9　单击"登录"按钮

（3）执行此操作后，登录账号后台页面，单击主页右上方的"发文"按钮，进入头条号的后台管理页面，如图 4-10 所示，该页面运营者可以进行文章管理、数据统计、收益查看等操作。

图 4-10　头条号后台管理页面

4.1.4　推送的文章标题是重中之重

进入今日头条的后台之后,运营者就可以在此处编写要推送的文章。编写文章的时候,运营者一定要注意文章标题是否具有吸引力。

据头条号的作者反映,以及笔者收集资料总结发现,在今日头条上,一篇文章的标题十分重要,它会在很大程度上影响运营者文章的阅读量,但是运营者千万不可以为了让文章的标题具有吸引力而做标题党。

因为在今日头条上发布标题党式的文章会影响头条号指数(关于头条号相关指数,笔者在后面会进行详细讲解),这样就会影响文章审核的通过率,从而影响文章的推荐量。

在前面的章节笔者已经介绍过微信公众号文章取标题的方法,这些方法同样适用于今日头条上的文章,所以笔者就不再赘述。这里主要为大家介绍在头条号后台编写文章的实操。首先单击"发表文章"按钮,然后在标题栏处输入文章的标题,之后就可以开始编写文章的正文,如图 4-11 所示。

图 4-11 头条号文章撰写

4.1.5 制作具有吸引力的字体格式

运营者在今日头条的后台进行文章编写的时候，为了让文章某些内容更突出、更吸引读者的眼球，可以采用一些方法使字体更显眼、更有吸引力。

接下来，笔者教大家怎样在今日头条的后台，利用其自带的编辑功能制作具有吸引力的字体格式。今日头条自带的编辑功能提供的字体设置格式有限，运营者如果想要使字体格式特别的话，可以将重要的文字的字体设置为加粗。

如图 4-12 所示，运营者只要选中要加粗的文字，笔者选择的是"每张图片，你至少也可以有三点收获！"这句话，然后单击页面工具栏中的"加粗"按钮，执行此操作后即可看见这段文字字体已经加粗了。

图 4-12 文字字体加粗

4.1.6 在文章中上传图片

运营者在今日头条后台编辑文章的时候，还可以在文章中上传图片，使文章的内容看起来更加生动。运营者只需要单击"发表文章"页面中的工具栏选项里的"插入图片"按钮，再按照系统提示操作即可成功将图片上传至文章中，上传后的效果如图 4-13 所示。

图 4-13　上传图片

4.1.7 设置文章封面图片

清晰、唯美的文章封面图片配上有吸引力的标题，才能够吸引更多读者点开文章阅读。要设置文章的封面图片，运营者只要在"发表文章"页面下方的"封面"提供的"自动""单图""三图"三种封面模式中选择一种即可。笔者建议大家选择"三图"模式这种封面，因为它呈现出来的版式效果会更好、也能够吸引更多的读者。笔者在这里就以选择"三图"模式为例，然后单击下方的"+"按钮，如图 4-14 所示。

图 4-14　设置封面

执行此操作后，就会弹出"选择图片"页面，这些图文都是运营者编辑此篇文章中所用到的图片，运营者按照自己的想法选择三张图片即可，设置好后的效果如图4-15所示。

图4-15　设置三张封面图片

4.1.8　进行客户端预览文章

运营者在编辑完一篇文章，并且设置好文章封面后，还可以进行文章客户端预览，这样就可以预览一下文章的排版效果，检查文章中有没有错别字以及图片与文字是否相符等情况。

运营者要进行客户端预览文章，只要单击"发表文章"页面中的"预览"按钮即可，如图4-16所示。执行此操作后，即会弹出预览页面，如图4-17所示。

图4-16　单击"预览"按钮

图 4-17　客户端预览页面

4.1.9　发布文章等待审核

运营者在进行了文章预览之后，检查一下文章有没有自己不满意或者错误的地方，如果没有不满意和错误之处，就可单击"发表"按钮发布文章，如图 4-18 所示。

图 4-18　单击"发表"按钮

文章发布之后，并不能立马出现在读者的面前，还要经过今日头条平台的审核，审核通过之后读者就可以看见了。

4.1.10　后台查看文章的分析

运营者将文章推送到今日头条平台之后，还需要开展一系列后期的观察工作，如查看文章的推荐量、阅读量、评论量、转发量、收藏量等阅读情况。

运营者要查看这些阅读数据，可以进入今日头条平台后台，然后单击"图文"

栏下的"图文数据"按钮，即可查看每一篇成功推送后的文章的推荐量、阅读量、评论量、收藏量、转发量等相关数据，如图4-19所示。

图4-19 查看文章的图文数据

此外，运营者还可以单击今日头条后台"主页"栏下的"数据分析"按钮，查看图文数据分析、视频数据分析、微头条数据分析以及问答数据分析，如图4-20所示。

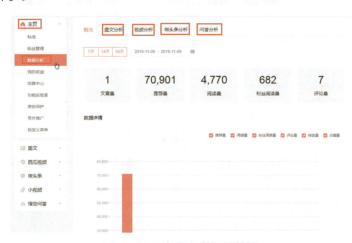

图4-20 查看文章相关数据

在"内容管理"一栏，运营者也可以查看每篇文章的详细分析，只要运营者在写文章的时候拟定了副标题，在文章通过审核之后，进入到"内容管理"一栏，单击该篇文章的"更多"一项，再单击"双标题自动分析"按钮，即可查看这篇文章的分析，如图4-21所示。

单击"双标题自动分析"按钮之后，出来的数据如图4-22所示。

图 4-21　查看文章数据分析

图 4-22　文章的详细数据分析情况

通过图 4-22，可以看出一篇文章的详细分析包括以下几项内容：平均阅读进度、点击率、跳出率、平均阅读速度、阅读量和推荐量。由图 4-22 可以看出，文章的数据存在以下几个特点。

- 文章的推荐量普遍较高。
- 文章的阅读量一般。
- 文章的评论量、收藏量、转发量较低。
- 阅读来源绝大多数都是系统推荐。

针对头条号"手机摄影构图大全"该篇文章的数据的特点，笔者进行了相关分析。

1. 针对推荐量较高分析

文章的推荐量是直接与运营者的头条号指数相关的，因此运营者如果想要让今日头条平台推荐自己的文章，那么就必须要提高自己的头条号指数。

2. 针对阅读量一般分析

对于文章的阅读量不高这一问题，运营者可以根据今日头条平台读者喜欢有吸引力的文章这一特点来采取解决措施。运营者可以在标题与文章内容相符合的前提下，将自己的文章的标题写得生动、吸引人，但又不过分夸张。

3. 针对评论量、收藏量、转发量较低分析

对于文章的评论量、收藏量、转发量的情况，运营者可以适当地增加与读者之间的互动，只要将与读者之间的互动度提高，同时运营者提高自己文章的质量，那么评论量、收藏量、转发量自然就会相应提高。

4.2 其他媒体网站的引流与推文

自媒体运营者如果想要获得更多的粉丝，还可以在一些主流的流量平台通过推送文章的方法为自己吸粉。本节笔者将选择其中运营人比较常用的、用户常接触的多个自媒体平台进行介绍。

4.2.1 在一点资讯发布文章

一点资讯平台实现了个性化新闻订阅，基于用户的兴趣提供资讯内容。一点资讯可以借助用户登录时选择的社交软件类型、选择的兴趣频道等操作收集相关信息，整理成数据资料，然后再根据这些资料了解、推测出用户感兴趣的新闻领域。运营者在完成注册登录等一系列准备工作后，就可以开始运营导粉了，在这一阶段运营者的工作主要分为4个部分：第一，登录后台，进入管理页面；第二，撰写文章，准备进行推送；第三，文章完成后，进行检查；第四，检查完成后，推送文章。

如果运营者同时也在运营微信公众平台，那么在一点资讯平台上撰写文章的时候，可以在文章的中间写上自己微信公众平台的账号，以此达到将粉丝引导到微信公众平台的目的，如图4-23所示。

专家提醒

需要注意的是，自媒体运营者在一点资讯平台上撰写文章的时候，也可以选择已经撰写好的文章，只要点击"一键导入"按钮，就能将文章导入到一点资讯平台了。

玩转自媒体（第 2 版）

图 4-23　文章中添加微信公众号

4.2.2　在知乎发布文章

知乎平台，是目前最为火热的社交化问答平台，它的平均月访问量已经突破上亿人次。知乎的口号是："与世界分享你的知识、经验和见解。"知乎也拥有 PC 电脑端和移动 APP 两种客户端口，用户需要注册才能登录平台首页，如图 4-24 所示，是知乎的 PC 端官网注册首页。

图 4-24　知乎平台注册页面

如图 4-25 所示，用户在注册时还需要输入自己的职业或专业，屏幕下方还会给出其他人的自我介绍案例供参考。

在输入职业信息单击"完成"按钮之后，会出现一个需要选择感兴趣话题的页面，如图 4-26 所示，具体包括游戏、音乐、电影、法律、体育、生活、商业等诸多话题选项，用户根据自己的喜好挑选，即可关注相关话题。

图 4-25　知乎平台输入职业或专业页面

图 4-26　知乎平台挑选话题页面

进入知乎首页之后，点开"话题"一栏，就可以找到自己之前选择的感兴趣话题。如图 4-27 所示，笔者在这里选择的是电影、生活和人文三个话题，所以平台推送了相关内容的话题帖。

图 4-27　知乎平台话题栏

知乎的主要定位是知识共享，问题页面是知乎最主要的页面，用户既可以通过搜索来了解相关问题，也可以自己直接提问或者回答自己熟悉的问题。用户搜索后如果自己的提问不是重复的，那么便可继续完成提问步骤，在提问完成后，可以邀请对相关话题感兴趣的用户来回答。在知乎的首页，除了"话题"一栏外，还可以进行提问、写回答、写文章、写想法等操作，如图 4-28 所示。

图 4-28　知乎平台主页

用户单击"提问"按钮之后，就可以输入自己的问题了，如图 4-29 所示，如果不想暴露自己的信息，可以选择通过匿名的方式提问。

当用户回答别人的问题时，可以选择允许规范转载、允许付费转载、禁止转载等权限操作，如图 4-30 所示。

图 4-29 知乎用户提问页面

图 4-30 知乎用户发布回答页面

对运营者而言，可以通过在知乎上提问和回答来宣传自己，这种问答通常具有很好的话题性，吸引广大知乎用户参与、围观问题，从而促进传播和推广。运营者回答的字数最好在 120 字以内，或半个页面的长度，太长的文章容易让读者失去兴趣。

另外，运营者可以直接在个性签名处留下微信号码，以便为自己的平台引流。接下来可以主动选择问题进行回答，最好选择和自己的类别接近的问题，尤其不要放过关注度高的优质问答。面对热点问题要及时抢答，这会让引流效果事半功倍。

4.2.3 在搜狐发布文章

搜狐公众平台，是搜狐门户下一个融合搜狐网、手机搜狐、搜狐新闻客户端三大资源于一体的一个平台,所以搜狐公众平台的资源力量是比较充足的。搜狐公众平台凭借搜狐旗下一系列的资源,拥有自身独特的平台优势。

在搜狐公众平台编写要推送的内容时,需要从标题、图片、格式、封面、摘要等多角度考虑。对于新媒体平台运营者来说,图片是一种非常有利的武器,一张合适的图片能给新媒体平台的读者带来更好的视觉效果,也能为平台文章锦上添花。

在编辑撰写文章的过程中,有时候会碰到需要特殊标记的文字,这些文字能够更加突出文章的重点,因此学习制作具有吸引力的字体格式也是很有必要的。

我们可以通过给字体加粗来突出,如图 4-31 所示;还可以将文字标记成不同的颜色,让读者一眼就能将此内容区分开来;或者将文字添加下划线、改成斜体,也可以将重点部分突显。这样可以吸引读者的注意力,提高读者的阅读兴趣。

图 4-31 搜狐的软文发布页面

和微信公众平台一样,在搜狐公众平台的文章编辑栏下面,有一个摘要撰写部分,运营者可以用一句话概括文章的信息,突出重点,使平台账号更好地吸粉引流。

4.2.4 在网易发布文章

网易媒体开放平台是网易旗下推出的一个新媒体平台,在这个平台,运营者可以利用多种形式软性吸粉引流。但运营者入驻网易媒体开放平台,需要有网易邮箱或者网易通行证。当注册审核通过之后,首先登录网易媒体平台的后台,然后单击"写文章"按钮,就可以进入文章编辑页面撰写文章了。在"标题"处输入文章标题,在"正文"处编辑内容,也可以用正文内容框上方的一排编辑按钮对文章的字体、格式等调整,单击"图片"按钮就可以在正文中上传图片,效果如图 4-32 所示。

图 4-32 图片上传到正文中

网易媒体开放平台,为入驻用户提供了 5 种类型的账号,分别是订阅号、本地号、政务号、直播号以及企业号,每种账号功能不同。平台拥有 4 大特色,具体如图 4-33 所示。

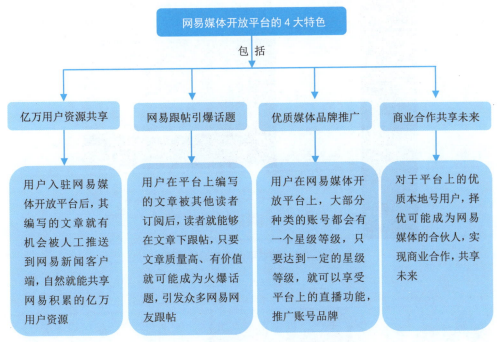

图 4-33 网易媒体开放平台的 4 大特色

把正文编辑完毕后，需要上传封面，封面有 3 种模式：单图模式、三图模式和大图模式。执行操作后，运营者就能选择正文中的图片作为文章的封面，封面选择好之后，单击"发布"按钮，在网易媒体后台即可看见刚刚发送的推文。

运营者可以适当地在文章结尾处放上其他平台的运营账号，如微信公众号及关注方式等，来达到多平台引流的效果。

4.2.5 在简书发布文章

简书平台是一款结合写作与阅读于一体的社交型互联网产品，同时也是一个基于内容分享的社区。要在简书平台进行引流、商品推广，内容电商运营者就需要拥有一个简书账号。

通过简单注册，然后登录发文即可开始运营。发文步骤十分简便，即在主页右上方运营者头像旁单击"写文章"按钮，随即进入文章编辑页面。最左侧可以根据文章发布内容进行分类管理，左侧第二竖列可见历史文章存储，右侧为文章编辑区域。步骤简洁，与上面介绍的发文顺序一样，输入文章正文、标题，并调整格式、字体即可，单击右上方"发布文章"按钮进行发布，效果如图 4-34 所示。

图 4-34　简书平台文章编辑页面

> **专家提醒**
>
> 　　当然，运营者还可以采用新浪微博、腾讯 QQ、微信等社交网站的账号登录简书平台，这些登录方式会更加快捷方便。

4.2.6　在百度百家发布文章

百度百家平台，于 2013 年 12 月份正式推出。运营者入驻百度百家平台后，可以在该平台上发布文章，然后平台会根据文章阅读量的多少给予运营者收入。

与此同时，百度百家平台还以百度新闻的流量资源作为支撑，能够帮助运营者进行文章推广、扩大流量。百度百家平台上涵盖的新闻有 4 大模块，包括体育版、文化版、娱乐版和财经版。据百度公开的百家号数据显示，百度百家平台开放注册不久，就创下了平台上单篇文章最高收入 6000 多元的成绩。由此可见，其受欢迎程度以及可观的收益，这对自媒体运营者来说是个好消息。

百家号平台的运营也是采用推文的引流方式，首先登录百家号，进入主页，可以在主页左上方单击"发布"按钮，进入文章编辑页面，也可以在左侧任务栏内单击"发布内容"按钮进入。

有"发布文章""发布图集""发布视频"3 种内容编辑选择按钮，选择"发布文章"可输入标题和正文。文章撰写完成后，可以根据需求单击屏幕下方的"发布""定时发布""存草稿""预览"4 个按钮，效果如图 4-35 所示。

图 4-35　百家号文章编辑页面

推文发送成功后，要细心关注留言评论，及时回复，给粉丝带来舒适的平台阅读体验。运营者也可以在回复的内容中放上自己的公众号链接，以此来吸粉导流。

4.2.7　在大鱼号平台发布文章

大鱼号以前的名字是 UC 云观·媒体服务平台，现在升级之后的名称为"大鱼号",是中国资讯平台行业中第一家舆情公开展示的平台,在该平台上的媒体服务有两部分,分别是订阅号、机构媒体。

　　大鱼号的订阅号具有强大推送能力以及商业变现能力和用户黏性高的媒体特点,同时该订阅号主要有4个核心功能:创作;运营体系;赋能体系;社区。大鱼号的官网入口如图4-36所示。

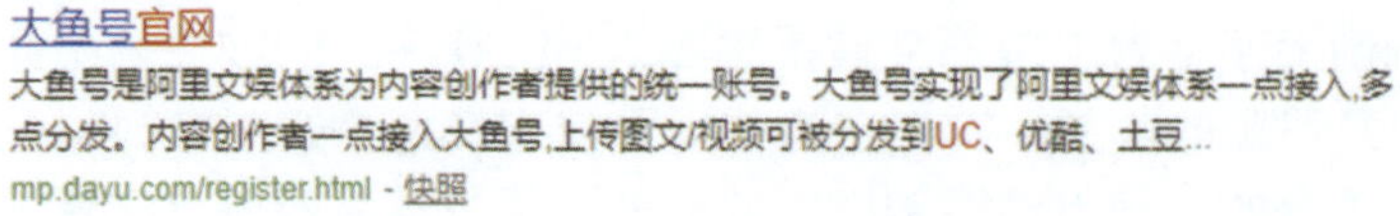

大鱼号官网
大鱼号是阿里文娱体系为内容创作者提供的统一账号。大鱼号实现了阿里文娱体系一点接入,多点分发。内容创作者一点接入大鱼号,上传图文/视频可被分发到UC、优酷、土豆...
mp.dayu.com/register.html - 快照

图4-36　大鱼号官网入口

　　运营者进入官网注册账号之后,只需要在大鱼号的首页单击"写文章"按钮,就可以进行创作了,如图4-37所示。

图4-37　大鱼号主页

大鱼号本身具有几大优势,具体如图4-38所示。

图4-38　大鱼号的平台优势

4.2.8　在企鹅媒体发布文章

企鹅媒体平台，是由腾讯公司推出的一个媒体平台，又名腾讯内容开放平台。企鹅媒体平台虽然也是由腾讯公司推出的产品，但它和 QQ 公众平台并不是同一个产品。如图 4-39 所示，是企鹅媒体平台官网的登录页面。

图 4-39　企鹅媒体平台登录页面

运营者注册账号进入企鹅媒体首页后，单击"内容发布"按钮可进行文章创作，文章写完后单击"内容诊断"按钮，可纠正文章中的错别字，如图 4-40 所示。

图 4-40　企鹅号文章撰写页面

4.2.9　在淘宝头条发布文章

对于运营者而言，淘宝平台是一个有潜力的平台。淘宝本身就是一个主流的电商平台，随着新媒体的兴起与发展，淘宝也开始推陈出新，寻求与新媒体结合的营销和推广机会。

淘宝未来的发展方向是"内容化+社区化+本地生活服务",在这些前提的驱动下,推出了"淘宝头条"平台(又称为淘头条)。另外,用户也可以通过下载专门的"淘宝头条"APP来使用其中的功能。如今,淘宝头条已成为国内最大的在线生活消费资讯媒体平台。

对于运营者来说,只需在一个自然月内按照要求发布15条内容,只要其中的12条内容被审核通过,即可获得头条白名单资格。之后即可进行头条投稿,每天最多可以发布5条头条内容。

发布头条内容后,还需要对其进行优化,让内容更加优质,这样才能更好地吸粉引流,具体技巧有以下3个。

第一,聚焦专题。在淘宝头条APP中,有一个"聚焦"界面,这里列出了最新鲜的内容聚焦资讯,以及最火爆的内容聚焦专题,通过聚焦专题的形式,可以帮助运营者或用户提升阅读效率,尤其对于运营者来说,还可以通过加入各种聚焦专题,增加内容的曝光量。

第二,收藏、分享内容。在淘宝头条中有"收藏"和"分享"功能,运营者可以通过这些功能将自己的内容分享到社交网络上,同时还可以让微信好友点赞和帮忙转发。

第三,热门文章评论。淘宝头条中的文章浏览量都比较大,大概在几万到几十万人次不等。虽然浏览量很大,但是评论的人数比较少,因此运营者可以利用热门文章的评论进行引流。

4.2.10 在优酷发表原创短片

优酷是国内成立较早的视频分享平台,其产品理念是"快者为王——快速播放,快速发布,快速搜索",以此来满足多元化的用户需求,并成为互联网视频内容创作者(在优酷中称为"拍客")的集中营。在优酷平台上,不管你是资深摄影师,还是一个拍摄爱好者,也不管你使用的是专业摄像机,还是一部手机,只要是喜欢拍视频的人,都可以成为"拍客"。

除了"拍客"频道外,优酷还推出了"原创"和"直播"等频道,来吸引那些喜欢原创并且热爱视频的用户。在优酷"原创"频道中,有很多热爱视频短片的造梦者,他们不断坚持并实现自己的原创梦想,借助平台诞生了一大批网络红人,同时他们也为优酷带来了源源不断的原创短片。

如图4-41所示,运营者注册优酷账号之后,单击"上传视频"按钮,就可以在优酷平台上传自己的视频了。

图 4-41 优酷视频主页

4.2.11 在喜马拉雅领取演播任务

喜马拉雅 FM 是国内顶尖的音频分享平台，用户可以在平台里上传、收听各种音频内容，它支持手机、电脑、车载终端等多种智能终端。在喜马拉雅平台上，用户除了可以收听音频节目外，还可以进一步申请成为主播，从而发布自己的音频内容到平台上。如图 4-42 所示，为喜马拉雅平台官网的首页，进入首页之后单击"上传"按钮，然后单击"主播入驻"按钮，即可申请成为喜马拉雅平台的主播。

图 4-42 喜马拉雅首页

如图 4-43 所示，为喜马拉雅平台主播认证流程，选择"主播入驻"方式后，单击"成为主播"按钮，就可以根据自身的情况选择相应的主播认证类型了。

图4-43 喜马拉雅主播的认证流程

喜马拉雅也会不定期地推出相应的活动，主播们可以在主播工作台密切关注官方公告，积极参与活动就有机会获得丰厚福利。

专家提醒

对自媒体运营者而言，可以利用喜马拉雅平台来搭建自己的自媒体平台，也可以通过与其中的自媒体合作来推广自己。

第 5 章
自视频：33 招快速熟知抖音吸粉方法

学前提示

抖音短视频以其年轻、新潮的特点，呈现出了令人惊叹的增长势头，拥有着庞大的用户流量池，能够给自媒体人带来巨大的曝光率和流量，因此本章为大家介绍在抖音平台利用短视频吸粉的方法。

要点展示

- 成为热门抖音的 5 个要求
- 打造爆款短视频的 7 个诀窍
- 拍摄抖音短视频的 10 个要素
- 抖音引流的 11 个方法

5.1 成为热门抖音的5个要求

一般抖音的用户都是直接刷推荐页面或者抖音热搜榜，而且他们关注的博主也比较多，如果抖音自媒体人不能上热门被推荐的话，就很难获得用户的关注，所以本节主要为大家介绍上抖音热门的几个要点。

5.1.1 内容是否原创

作品必须是原创，这是上抖音热门的首要条件，不过很多人准备做抖音的原创视频后，不知道应该拍摄哪些内容。选择内容其实并不难，可以从以下4个方面切入。

- 如果自媒体人有舞蹈或歌唱功底，那么可以学习热门的歌、舞蹈，简单一点的还有手势舞等。
- 可以记录自己在旅行过程中看到的美景。
- 可以记录自己在生活中发生的一些有趣的事情。
- 可以学习一些热门的表情段子，再通过视频展现出来。

另外，还可以站在粉丝的角度思考一下希望看到什么样的内容，即便是不站在粉丝的角度，也可以回想一下自己平时爱看什么类型的视频。一般来说，轻松幽默类的视频是我们都爱看的，还有一些情感类和正能量的视频也很受欢迎，所以自媒体人在拍摄视频时可以遵循这3个出发点。

5.1.2 视频是否完整

首先，在拍摄短视频时，哪怕视频最多只能有15秒，也必须保证内容的完整性；其次，还需要注意视频的时长，比如视频内容只有6秒的话，是没办法被推荐的。所以，必须保证视频的时长是足够将内容完整拍摄出来的，千万不要发布没有拍完整的内容，以免用户看得一知半解。

5.1.3 内容是否有水印

因为是在抖音平台上发布视频，所以自媒体人在发布的时候要保证视频内容里面没有其他APP软件的水印，另外使用不属于抖音的特效或贴纸视频也可以发布，但不会被抖音推荐。

5.1.4 视频内容是否有质量

即使抖音是一个非常追求高颜值的平台，也始终将视频内容放在了第一位，只有内容优质才能长久地留住用户。因此想要上抖音热门，高质量的内容是必不可少的，那怎样的内容才算是高质量的呢？其实在前面已经为大家总结了一部分，高质量的内容需要包含 4 点：第一，有创意、有看点的原创内容；第二，视频内容完整无残缺，时长控制得当；第三，视频内容简洁，没有杂乱的背景和其他 APP 的水印等；第四，视频清晰度高，看起来不费力。

抖音视频的吸粉不是一两天就可以看到成效的，所以自媒体人要持续稳定地拍出一些高质量的视频，并且在这期间要维持好和粉丝的关系，多学习一些比较热门的东西作为拍摄视频的素材。

5.1.5 参与活动是否积极

要积极踊跃地参与抖音平台推出的活动，因为一般参与活动之后，只要视频的质量不差，都能够获得可观的推荐量，增加上热门的机会。

现在抖音平台已经引入了"抖音小助手"来引导大家学习抖音的各种功能，自媒体人在发布视频时，也可以积极地@抖音小助手，以提升自己被推荐的机会。如图 5-1 所示，为 @抖音小助手上热门的抖音号。

图 5-1　@抖音小助手的抖音号

5.2　打造爆款短视频的 7 个诀窍

抖音上经常会出现一些大火的视频内容，而对于自媒体人来说，不能只看到别人的成功，更需要从别人的成功中总结、分析出要点，然后打造出属于自己的爆款视频。因此本节就与大家探讨如何打造爆款短视频内容。

5.2.1 符合大众期待的美

人人都追求并且喜爱美，在抖音平台上更是这样，因为抖音上的大多数活跃用户都是年龄不超过 25 岁的女生，喜欢那些高颜值的帅哥美女。在抖音平台上有一张好看的脸，营销就成功了一半，不管拍什么样的视频内容都会有很多人看，所以自媒体人在拍摄抖音视频时也可以通过化妆、美颜等方式，让自己看上去有一个好的外观形象。如图 5-2 所示，这些评论充分体现了抖音用户对于高颜值人的喜爱。

图 5-2　抖音用户的评论

5.2.2 靠"萌"吸引用户

在抖音平台上，一些可爱的美少女、婴儿以及猫、狗等小动物的视频是非常热门的，那么这些视频为什么会成为热门呢？因为视频里的角色很"萌"。其实"萌"这个字以前在中文里是指萌芽、发生的意思，比如《韩非子·说林上》中"见微以知萌"的"萌"就是发生、发展的意思，后来由于日本动漫中萝莉角色的流行，"萌"这个字就被用来形容二次元的萝莉少女了，体现人们对这一类角色的喜爱。再后来，"萌"从二次元走向三次元，被用来形容卡通玩具、小动物、真人等。

根据这个发展规律我们可以得知，具有"萌"属性的角色之所以能够受到大众的喜爱，就是因为这些角色，有亲和力，并且能激发人的保护欲。如图 5-3 所示，走可爱年幼风的少女很容易受到大家关注。

图 5-3 大众喜爱的可爱风格视频

除了走可爱风的美少女能吸引用户以外，一些可爱的人偶也能吸引用户的关注，比如很火的熊本熊人偶就引发了大家的模仿风潮，当然除了熊本熊，其他的"萌"系玩偶也会受到大家的喜爱。如图 5-4 所示，为抖音上"熊本熊"和"小猪佩奇"的玩偶视频。

图 5-4 "熊本熊""小猪佩奇"玩偶视频

在抖音上还有一类更火的就是萌宠的视频，比如"papi家的大小咪""金毛蛋黄""会说话的刘二豆"等，因为这些小猫小狗之类的小动物看着就会让人喜欢，所以现在很多人都会养宠物。

如果运营抖音的自媒体人也养了宠物的话，可以将宠物一些比较有意思的日常拍摄成视频，如果还能进行视频的后期加工，让内容更有新意的话，相信这个视频一定会被用户关注的。

如图5-5所示，为"金毛蛋黄"的抖音号展示，"金毛蛋黄"目前的粉丝量已经达到了1460多万，视频的内容以记录萌宠的趣事为主，再加上主人的配合表演，非常有喜剧效果。

图5-5 "金毛蛋黄"抖音号视频

那么有宠物的抖音自媒体人要怎么做，才能让自己的视频获得更多关注呢？具体有以下几个方法。

第一，如果宠物主人有自己的特点，比如会演段子、颜值高或者声音好听，就可以利用自己的特点出镜或者配背景音，来为视频增加人气。

第二，可以让自己的宠物有一个特长，比如像"金毛蛋黄"中的宠物一样，会自己把笼子关起来，又或者可以跟主人配合跳舞等。

第三，让自己的宠物在视频中拥有人的特征，而不仅是只会卖萌的宠物，比如"会说话的刘二豆"就是通过配音，让自己的宠物可以去上学、卖西瓜等，这些视频能让宠物变得既生动又有趣，对观众也有极大的吸引力。

第四，让宠物有戏剧效果，也就是我们常说的让宠物成为"戏精"。比如抖音上的播主"蛋不安静"，就是通过给自己的宠物猫加戏吸引了不少粉丝，因为拥有前后反差的萌猫咪十分有戏剧性，能让人产生期待。

5.2.3 让观众产生爱和信任

最能够让观众产生爱和信任的事，应该就是情感攻势了，无论是爱情、亲情、友情还是对家乡的思念之情，都能够让观众产生共鸣，建立情感信任。比如之前引发了抖音用户广泛关注和转发的情感类短视频，如图 5-6 所示，视频内容是博主的外婆在给博主塞钱，是一段真情流露的短视频，再配上文字"从小比爸妈还疼我的外婆"以及"妈妈不老"的音乐，能迅速让观众产生情感共鸣。

图 5-6　情感类的抖音短视频

5.2.4 点燃用户内心的事件

一般来说，点燃用户内心的事件主要指以下两种类型。

第一，是高高在上的明星被爆出非常接地气的事情或是比普通人更艰辛的过往。

第二，是一些基层的普通人逆袭成为大众钦佩的偶像。

比如在之前一档"中国诗词大会"的节目中，一位外卖小哥击败众多有实力的对手，获得了节目第三季的总冠军，引发了大众的广泛关注，如图 5-7 所示。这就是一个普通人逆袭为大众偶像的故事，而这样的故事之所以能够点燃大众的内心，就是因为它让大多数普通人有了奋发向上的动力。

图 5-7 点燃用户内心的事件

5.2.5 专注并将其做到极致

专注和极致的意思是指，自媒体人长时间坚持下来的一个大部分人都不会的特长，在如今信息迅速扩散的时代，有一个特长就能形成广泛的影响力，并且这种特长必须是经过长时间练出来的，普通人难以模仿。比如抖音上很火的博主"黑脸 V"就是靠着自己独特纯熟的特效视频俘获了一大批粉丝，目前的粉丝量是 2550 多万。如图 5-8 所示，为"黑脸 V"的抖音短视频。

图 5-8 "黑脸 V"的特效视频

5.2.6 有实用价值的知识型内容

有实用价值的知识型视频内容不管是在哪一个平台，都会有很多用户点击，因为可以学到东西，大家自然都愿意点开视频，那么有实用价值的知识型视频与一般知识型视频有什么不同呢？主要有以下两点。

第一，有实用价值的知识型视频针对性更强，它是为了解决一个生活中的问题而存在的，并不只是单纯地进行知识讲解；比如护肤的知识型内容就是为了解决用户皮肤不够好、不会护肤的问题。如图 5-9 所示，为美食制作教程的抖音博主视频。

图 5-9　美食博主的抖音视频

第二，有实用价值的知识型内容必须具备切实的行动步骤和方案，也就是分解步骤，让观众能够知道操作的详细过程，便于理解和学习。依旧以上一个美食博主为例，如图 5-10 所示，对美食制作的每一个步骤，博主都会进行讲解。

图 5-10　抖音上的美食教程

5.2.7 用创新赢得用户关注

现在对经典进行解读也是引发大众讨论和关注的好方法，比如香港电影中的经典角色"东方不败"被抖音自媒体人以短视频的形式演绎之后，引发了很多用户点赞关注，如图 5-11 所示。另外，在抖音平台上一些恶搞类的短视频也深受大家喜爱，如图 5-12 所示。

图 5-11　演绎经典角色"东方不败"

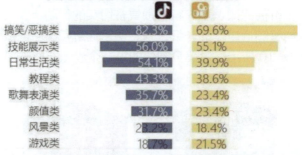

图 5-12　搞笑/恶搞类的视频在抖音、快手等短视频平台上非常火爆

所以要想做出引爆观众眼球的视频，也可以去合理创新一些经典，或者自己拍一些原创的段子。如图 5-13 所示，为抖音搞笑博主的视频页面，这位博主视频内容的主角是我们平时微信、QQ 聊天时比较常见的"滑稽"表情，用这样的表情演绎出一个个故事，看上去有趣又有创意。这种搞笑视频的形式可以多样化一点，只要是有创意又搞笑的段子都可以去演绎。

图 5-13 抖音搞笑博主的视频页面

5.3 拍摄抖音短视频的 10 个要素

即使没有任何拍照经验,在抖音平台也可以通过滤镜特效对视频进行编辑等操作,让视频更灵动、更有创造力。本节就为大家介绍抖音视频的拍摄技巧,以期帮助大家更熟练地使用抖音的拍摄功能。

5.3.1 控制视频拍摄节奏

在用抖音拍摄视频时除了有滤镜和美颜的功能以外,还有自主调节视频速度的功能。而可以调整速度以及进行分段拍摄正是抖音视频功能的亮点,只要利用好这两个功能,抖音自媒体人就能拍出很多效果不错的短视频。

调整视频的速度就是指调整背景音乐和内容的匹配。值得一提的是,在拍摄的过程中,如果我们选择的视频速度是"快"或者"极快",那么在拍摄时听到的音乐就是慢下来的,等拍摄完成之后,在成品的视频中背景音乐是加快的;如果选择的视频速度是"慢"或者"极慢",那么在拍摄时听到的音乐就是加快的,但在成品的视频中,背景音乐是放慢的。如图 5-14 所示,为拍摄短视频时的速度调节。

玩转自媒体（第 2 版）

图 5-14　拍摄短视频的快慢调节

调整视频速度的功能有利于抖音自媒体人找准拍摄节奏，而找准拍摄节奏有以下两个好处。

第一，能让自媒体人根据自己视频内容的节奏进行拍摄和剪辑创作，整个拍摄过程会更自然一些。

第二，视频的拍摄节奏不同，会在很大程度上减少内容的雷同，因为即使视频内容的区别并不大，拍摄节奏不一样，呈现给观众的效果也是不一样的。

专家提醒

抖音平台在拍摄的过程中，选择加快视频时会放慢音乐，是为了让用户在拍摄时听清楚背景音乐的重音是哪几个字，能更准确地卡住节拍；而选择放慢视频时加快音乐，会让视频拍完后呈现出更好的效果。

5.3.2　用合拍玩出视频新花样

"合拍"是抖音平台一个非常有意思的新功能，比如"黑脸吃西瓜合拍""西瓜妹合拍"以及"瞪猫的合拍"等，涌现出了不少合拍的热门作品。和自己喜欢的视频合拍的操作步骤如下。

步骤 01　找到想要合拍的视频，在视频中点击"分享"按钮，如图 5-15 所示。点击"分享"按钮后，会弹出"分享到"菜单栏，在"分享到"菜单栏中点击"合拍"按钮，如图 5-16 所示。

图 5-15 点击"分享"按钮　　　图 5-16 点击"合拍"按钮

步骤 02 抖音的合拍有添加道具、调整速度和美化等功能，只要点击"拍摄"按钮即可开始进行合拍，效果如图 5-17 所示；视频拍完以后对不太满意的地方也能进行修改，比如调整特效、封面和滤镜等，如图 5-18 所示，点击"下一步"按钮即可发布视频。

图 5-17 开始合拍　　　图 5-18 拍摄完成

5.3.3 设置曝光度调整焦距功能

设置曝光和对焦是 360 手机自带的相机应用功能，如果自媒体人的手机中有这项拍照功能就一定要学会，因为自动曝光控制装置的锁定会减少曝光，增加画面的美感，尤其是在进行围绕拍摄时这一功能的作用更明显。如图 5-19 所示，为手机自带相机的设置曝光功能。

在由远及近拍摄人物的时候，手动控制对焦这个功能就变得十分实用了。当然，不同的手机调整对焦的方法也不同，所以具体的操作大家可以按照自己手机的型号上网搜索。如图 5-20 所示，为手机相机的设置对焦功能。

图 5-19　设置曝光值

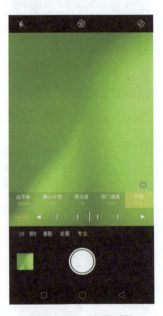

图 5-20　设置对焦

5.3.4 分辨率的设置方法

自媒体人在使用第三方软件拍摄照片时，注意文件的格式要正确，分辨率一定要调至最高，如图 5-21 所示。

拍照的分辨率设置好之后，将"录像码率"设置为"高"，如图 5-22 所示，这样拍摄出来的画质会更好。而录像设置中的"码率"就是指视频的取样率，即在数码音频和视频的技术应用中，进行模拟或数码转换时，每秒钟对模拟信号取样的快慢次数。在时间单位内取样率越大，精度就越高，拍摄出来的视频会更接近原始文件。

图 5-21 设置分辨率

图 5-22 设置"录像码率"

5.3.5 网格功能构图法

想要拍出优质的视频效果，不一定只有专业摄影师才能办到，普通人也可以。其实那些让人印象深刻的照片或视频，大部分都是利用了将大众的目光集中到某一处的构图方法。

这里要给大家推荐的是九宫格构图法，这种构图法体现在智能手机上就是网格线功能。自媒体人的手机拍摄中要是有这个功能，那么在拍摄视频或者照片之前记得要将此功能打开，以提升拍摄的效果，如图 5-23 所示。

图 5-23 开启网格功能

5.3.6 场景切换以及特效的使用

抖音自媒体人在视频拍摄之前，可以先确定好自己拍摄内容的主体，再根据主题确定好拍摄视频的场景。另外最好能将场景灵活运用，比如在同一个场景内换一个拍摄背景，内容就不至于显得过于单一，视频也会变得更生动。

除此之外，还可以将镜头从近处慢慢拉远，或者将镜头从远处推近，以及利用一些道具来增加视频内容的层次感，都会让短视频呈现出不一样的效果。下面为大家介绍变换场景的具体方法。

先按住"单击拍摄"按钮录制，几秒后暂停再换一个场景继续录制。在切换场景时，要注意视频内容的流畅感，如果是自拍的话，可以用手或者衣物遮挡镜头来切换场景，让视频有更好的呈现效果，如图5-24所示。

图 5-24　暂停切换场景拍摄

抖音视频中的"特效"功能分为两种，一种是滤镜特效，另一种是时间特效，而时间特效中的"时光倒流"功能是用来回放视频的，使用"时光倒流"功能的具体操作方法如下。

步骤01 当短视频录完合成以后，会有一个预览的页面，自媒体人只要在预览页面点击"特效"按钮，即可进入特效界面，如图5-25所示。进入特效界面之后，首先切入到的是"滤镜特效"，然后点击"时间特效"按钮才能继续进行特效设置，如图5-26所示。

步骤02 切换到"时间特效"界面后，点击"时光倒流"特效，如图5-27所示。执行操作后，就能应用"时光倒流"特效了，预览特效时可以看到视频下方的黄色进度滑块是从视频结尾往前移向视频开始拍摄的位置，时间也是呈倒数趋势，这时点击"保存"按钮保存即可，如图5-28所示。

图 5-25 点击"特效"按钮

图 5-26 点击"时间特效"按钮

图 5-27 点击"时光倒流"特效

图 5-28 应用"时光倒流"特效

专家提醒

在"时间特效"中的"闪一下"特效,是指当短视频播放至指定的位置时,画面会闪一下,而"慢动作"特效,就是指当视频播放到指定的位置时,视频画面会有一瞬的放慢。抖音自媒体人可以根据视频内容来选择合适的特效。

5.3.7 分段拍摄增强视频效果

抖音平台有一个分段拍摄短视频的功能,也就是说,当拍一段视频之后可以暂停再拍摄下一段,最后将拍摄的几段视频合成完整的内容。分段拍摄的功能只要稍加利用,就能拍出非常好的视频效果。比如,特别火的变装视频,就可以用分段的方法进行拍摄,具体操作步骤如下。

首先点击"长按拍摄"按钮,就会出现"按住拍"的按钮,如图 5-29 所示,长按"按住拍"按钮,进行第一段视频的拍摄,如图 5-30 所示。

图 5-29　按住拍

图 5-30　长按拍摄

专家提醒

"按住拍"按钮需要长按才能完整地录完一段视频,自媒体人在拍摄时注意一段视频录完前不要松手,这样才能高效地完成视频拍摄。

第一段视频拍完之后松手暂停，自媒体人这时可以去换装，如图 5-31 所示。换装完成之后再长按"按住拍"按钮，进行第二段视频的拍摄，如图 5-32 所示。后面如果有更多的分段视频需要拍摄，也可按照此操作步骤进行。

图 5-31　暂停换装

图 5-32　第二段视频拍摄

5.3.8　保证视频拍摄的清晰度

　　有很多抖音自媒体人都遇到过由于手抖导致拍摄效果不好的情况，所以为了保证视频的清晰度，在拍摄视频时要尽量避免手抖，当然也可以采用更好的方法来杜绝手抖的问题，比如找个东西将手机支撑起来拍摄，在不影响拍摄效果的情况下也可以使用自拍杆拍摄，如图 5-33 所示。

图 5-33　使用自拍杆稳定手机

另外，在拍摄抖音视频时还可以用专业的手持稳定器，来保证视频的清晰度。手持稳定器一般分为单反手持稳定器和手机手持稳定器，没有单反的抖音自媒体人记得要选择手机手持稳定器，如图 5-34 所示。其实现在手机手持稳定器的功能有很多，也很实用，可以进行人脸识别、自动对焦、自动拍摄、目标跟随自动转向、360 度旋转拍摄和拍摄 360 全景影像等。

图 5-34　手机手持稳定器

除了自拍杆和手机手持稳定器以外，还有手机支架也可以辅助拍摄，比如可夹式桌面支架、手机三脚架、八爪鱼桌面支架等，直接放在桌面上也能进行拍摄。如图 5-35 所示，为不同的手机支架类型。

图 5-35　手机支架

5.3.9　远程控制视频拍摄

抖音自媒体人在拍摄视频时，如果没办法操作手机，那么就可以用抖音的"倒计时"功能,远程控制拍摄的时间。这项功能操作起来也非常简单,只需要点击拍摄部分的"倒计时"按钮,就可以设置拍摄的时间,最多可以将视频时长设置到 15 秒。如图 5-36 所示,为"倒计时"的页面展示,自媒体人只需要拖动拉杆即可调节时间。将时间调节好之后,点击"开始拍摄"按钮就可以放心地进行录制了,因为视频到了指定时间会自动暂停录制。

图 5-36　设置视频录制时间

5.3.10　让光线为视频加分

在拍摄短视频时利用光线可以很好地提升画面质量,比如在拍人物的时候应该用柔光,不能在强光或者暗光的情景下拍摄人物,会影响美感。在光线不明显的情况下拍摄人物时,可以用反光板或者灯光来手动补光。除此以外,还可以利用光线营造出有艺术感的画面,比如在逆光时拍摄一个不露脸的剪影。

一般智能手机的相机都会自带闪光灯功能,可以在拍摄时用来补光,但对于抖音自媒体人来说,手机的闪光灯功能不一定能满足拍摄需求,这时就可以买一个手机外置闪光灯,这种闪光灯的光线比较柔和,很适合拍摄人物,会显得皮肤白皙,如图 5-37 所示。另外网上有卖一些手机摄像头小型补光设备,也能增强拍摄效果,如图 5-38 所示,大家可以根据需求选择购买。

图 5-37　手机外置闪光灯

图 5-38　手机摄像头多功能打光灯

在天气好的时候，可以在拍摄界面将测光点对准高光区域拍摄，让建筑物只留一个剪影，更有大片感，如图 5-39 所示。

图 5-39　拍摄视频时将测光点对准高光区域拍摄

5.4　抖音引流的 11 个方法

自从抖音软件推出之后，越来越多的人说刷抖音刷到停不下来，这足以证明抖音平台是有流量并且有用户黏性的，那么自媒体人该如何利用抖音将自己打造成高人气账号呢？本节就为大家介绍抖音平台的引流方法。

5.4.1　拍摄广告视频

广告视频是指自媒体人直接将自己的产品在视频中展示出来，比如可以将自己产品的展示图或反馈图都整理出来，再制作成精美的短视频，像自己销售的服装图、自己销售的护肤品使用效果图，这些都可以制成短视频，这一点主要是针对有线上或线下的产品销售的自媒体人而言，当然，没有产品销售的自媒体人也可以用这种方法来推广自己账号的一些福利和活动。

如图 5-40 所示，为某个女装品牌自媒体人发布在抖音上的广告短视频，也获得了不少用户的关注，推广效果还不错。

图 5-40　在抖音上推广产品

5.4.2　利用热词增加曝光

蹭一些热门词汇的热度是经营抖音账号的自媒体人必须掌握的技能，因为热词可以让自媒体人的短视频获得更多的曝光。一般近段时间的热词在抖音热搜榜单里都会有体现，自媒体人可以让自己的视频高度匹配这些热词，来吸引用户的关注。下面为大家介绍 4 个利用抖音热词获得曝光的方法。

1. 视频标题引用热词

如果自媒体人借用的热词只能搜索到相关的视频内容，那么视频的标题编写就非常重要了，这时可以选择将完整的热词写进标题中，以此来增加搜索的匹配度，提升标题的优先级别。

2. 视频话题与热词相符

青春校园剧《人不彪悍枉少年》播出之后，随着剧情的发展，"心疼李渔"成了热门话题。不过从视频搜索结果来看，排在第一位的视频文案中并没有"心疼李渔"的关键词，但这个视频能排在第一位，是因为标题中包含 # 心疼李渔 # 这个热词，如图 5-41 所示。

图 5-41 视频话题与热词吻合

3. 视频选用的背景音乐与热词关联度高

比如搜索"人不彪悍枉少年"的主题曲"北区楼四"这一热搜词后,有的短视频从文案到标签,都没有热搜词的字样。但短视频能得到曝光机会,是因为背景音乐使用了"北区四楼"这首歌,如图 5-42 所示。因此,通过使用与热词关联度高的背景音乐,也可以增加曝光率。

图 5-42 使用"北区楼四"背景音乐的抖音用户

4. 账号名与热词相同

想要让自己的账号名正好与热词相同，需要一定的运气，因为我们很难对热词做预判。但对于运营抖音账号的自媒体人来说，只要账号名正好与热词相同，也会大大增加自己的曝光率。比如，搜索热词"白敬亭错位照片"，也会有些视频的内容和这个热词并没有关系，但是因为抖音号的命名与热词有关，所以也增加了曝光机会，如图 5-43 所示。

图 5-43　账号命名踩中热词

5.4.3　原创视频吸引关注

如果有能力制作原创的短视频，那么自媒体人最好使用原创内容来吸引用户关注，抖音平台上的用户大多数都喜欢有趣有创意的视频内容，同时抖音的官方宣传语是"记录美好生活"，并且抖音平台还有一份"抖音社区公约"，自媒体人在创作短视频内容时，必须遵循抖音的宣传和公约，作品才能获得更多推荐。

自媒体人还可以在发布原创短视频的同时，将自己的微信、公众号等信息留在抖音账号的个人资料部分，比如个人简介、个人昵称等地方。如图 5-44 所示，就是抖音自媒体人在个人资料部分留下了自己的联系方式。

专家提醒

在留联系方式时注意不要直接在个人资料处标注出"微信"两个字，最好用拼音首写或其他比较明显的符号来代替。而自媒体人的原创视频曝光的程度越大，引流就会越有效果。

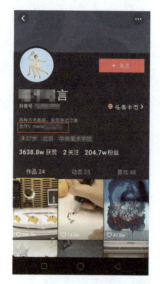

图 5-44　在账号资料部分进行引流

5.4.4　搬运视频省时省力

除了原创的短视频以外，自媒体人还可以将快手、火山小视频以及秒拍等短视频平台中的内容搬到抖音上。搬运的具体步骤如图 5-45 所示。

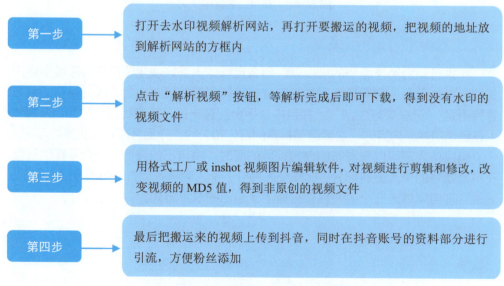

第一步　打开去水印视频解析网站，再打开要搬运的视频，把视频的地址放到解析网站的方框内

第二步　点击"解析视频"按钮，等解析完成后即可下载，得到没有水印的视频文件

第三步　用格式工厂或 inshot 视频图片编辑软件，对视频进行剪辑和修改，改变视频的 MD5 值，得到非原创的视频文件

第四步　最后把搬运来的视频上传到抖音，同时在抖音账号的资料部分进行引流，方便粉丝添加

图 5-45　搬运视频到抖音的具体步骤

如图 5-46 所示，为抖音短视频解析下载网站。

图 5-46 抖音短视频解析下载网站

5.4.5 回复用户评论引流

抖音平台的活跃用户一般都在短视频的评论区，并且这些用户都比较精准，因此自媒体人可以先编辑好一些有自己联系方式的引流评论，发布视频之后再将引流评论粘贴至评论区，或者是用引流评论回复评论区的其他用户，如图 5-47 所示。

图 5-47 抖音评论区人工引流

5.4.6 关注热门作品进行引流

通过关注同类型或同领域的抖音账号,并评论对方比较热门的作品,可以实现精准引流。例如,拍摄健身视频的抖音自媒体人可以关注一些同类型的健身抖音账号,因为关注这些账号的粉丝大多是喜欢健身的。另外,抖音自媒体人还可以到一些粉丝比较多的"网红"或者同行发布的短视频评论区进行评论,一般热门的评论也会吸引其他用户的关注。所以总结起来评论引流主要有两个方法。

第一,直接评论"网红"的作品,流量比较大,不过因为"网红"粉丝多,所以竞争也会比较大。

第二,评论同类型抖音账号的作品,流量相对来说小一些,但粉丝精准度很高。

比如做舞蹈视频的自媒体人,可以在抖音搜索舞蹈类的关键词,就能找到很多同类型的热门作品,如图5-48所示。

图 5-48 关注同行热门作品

抖音自媒体人想让评论能够精准引流,还需要记住以下两点。

第一,用小号和大号配合引流,比如,小号评论热门作品的内容是"更多干货视频请点击——@自己的大号",而且,小号的个人资料、头像等这些普通用户能一眼看到的东西,要尽量显得专业一点,才能让其他用户信服。

第二,用大号直接在别人的热门作品评论区评论"想看更多精彩视频请关注我",不过大号不能频繁地去评论这些内容,1个小时内评论的引流内容尽量不要超过3次,次数过多可能会被抖音禁言。

专家提醒

抖音自媒体人可以将"评论热门作品"和"评论同类型账号作品"这两种评论引流的方法结合在一起做，但评论的次数不要过多；而且评论的内容可以新颖一点，但千万不要带有敏感词。

5.4.7 找准互推号资源共享

在抖音平台上，互推账号资源共享的引流方法与互粉引流的方法有点相似，不过引流的渠道不一样，互粉得到的粉丝主要来源于社群，互推则是和其他抖音自媒体人合作，相互推广账号。当然，抖音自媒体人在找合作互推的账号时，想要更精准地吸引更多粉丝，还需遵循以下几点。

第一，合作账号与自己账号的定位，差别不能太大。
第二，合作账号的粉丝与自己账号的粉丝喜好要相似。
第三，合作账号的粉丝量不能太少。
第四，合作账号的粉丝要有很高的黏性。

抖音自媒体人在选择合作互推的账号时，还需要记住以下 4 个账号互推的技巧。

- 要找质量比较高、值得信任的个人抖音号。
- 有大量互推的抖音账号尽量不要找。
- 可以从多个角度去撰写账号互推内容，多尝试。
- 循序渐进地让合作账号增加展示自己账号内容的次数。

随着抖音在人们生活中出现得愈发频繁，如今它已经不仅是一个短视频社交工具了，也成了一个重要的营销推广平台，而账号的互推，就能让他人的人脉资源很快成为自己的人脉资源，有了人脉，营销也就变得容易了。

5.4.8 在评论区用软件引流

网络上有不少专业的引流软件可以用于抖音评论区引流，而抖音自媒体人只需要将拟定好的引流话术填进软件中，再按下开关，这些软件就会将引流话术发送到抖音等平台的评论区，并且这些软件还能同时在各个平台不间断地工作，帮助抖音自媒体人吸引大量粉丝。

当然也不能完全靠软件的自动评论来获得粉丝的关注，因为这样的粉丝黏度是不够的，并不能为自媒体人带来利益，想要打造高黏度的粉丝，还是需要精心经营账号，多制作一些高质量的视频。

5.4.9　建立抖音营销矩阵

抖音矩阵是指通过同时运营不同的账号,来稳定地在抖音平台吸粉导流。想要打造抖音矩阵,团队协作是必不可少的,因此自媒体人在运营抖音矩阵之前,要先配置 1~2 名主播、1 个后期剪辑人员、1 个推广营销人员和 1 个拍摄人员,只有这样抖音矩阵才能顺利地运营。

抖音矩阵的优势在于可以多元化地展示内容,吸引不同喜好的粉丝,全方位提升粉丝数量;还可以通过两个或两个以上的账号来突显自身的特点,从而扩大影响力。

比如抖音号"潘多拉英语 by 轻课"和"Crystal 克里斯托"就是同一个运营团队,但这两个账号发布的内容却存在差异,"潘多拉英语 by 轻课"推出的视频是英语口语的教学,而"Crystal 克里斯托"推出的视频却是一些才艺展示,以唱英文歌为主,如图 5-49 所示。

图 5-49　运营抖音矩阵的账号

抖音矩阵能在很大程度上减少账号运营的风险,多个账号一起运营,无论是做活动还是引流吸粉都可以达到很好的效果。但在打造抖音矩阵时,还需要注意以下 3 点。

- 注意账号的行为,遵守抖音规则。
- 一个账号一个定位,每个账号都有相应的目标人群。
- 内容不要跨界,小而美的内容是主流形式。

自媒体人一定要重视抖音矩阵的账号定位,也就是说,抖音矩阵的账号定位必须要准确，并且跨度尽量不要太大，以免精力分散做不出成果，要让主账户在发展的同时也带动子账号的发展。

5.4.10 在社交平台进行推广

对抖音自媒体人来说，微信和 QQ 这两大社交平台都有大量的用户，是很好的推广引流渠道，那么怎样在这两大社交平台进行推广引流呢？下面就分别对 QQ 和微信的推广引流方法展开论述。

1. 微信引流

根据腾讯 2018 年一季度报数据，可以得知微信月活跃用户人数达到 10.4 亿，已经实现对国内移动互联网用户的大面积覆盖，成为国内最大的移动流量平台之一。那么怎样利用微信的大流量，来为抖音账号吸引粉丝呢？主要有以下 3 种方法。

第一，抖音自媒体人可以在朋友圈发一些自己抖音上的视频，并且最好在视频内容中体现出自己的抖音账号，吸引朋友圈的好友关注。不过发布在朋友圈的视频一般不能超过 10 秒，而自媒体人拍摄的抖音视频大多都是 15 秒的，这时就需要对视频进行剪辑，再将视频发布到朋友圈，注意视频的关键内容不能剪掉，如图 5-50 所示。

图 5-50　将抖音短视频剪辑发布到朋友圈

第二，自媒体人还可以将自己的抖音视频发布在微信群里，群内的其他成员看到之后如果感兴趣的话就会关注，说不定还会转发分享给自己的好友，让自媒体人的视频有更大的曝光率，不过在微信群发布抖音视频的次数不要太过频繁，以免引起群内成员的反感。如图 5-51 所示，为自媒体人在微信群分享抖音视频的案例。

 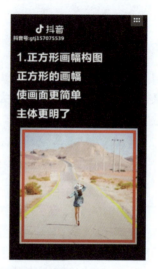

图 5-51　通过微信群发布短视频

第三，自媒体人可以定期将抖音上的视频作品发布在公众号中，将公众号的粉丝引流到抖音平台上，从而提高自己抖音号的曝光率。

2. QQ 引流

QQ 是最早的网络通信平台，也拥有大量的用户，是抖音自媒体人不能错过的推广引流平台，利用 QQ 吸引更多的用户关注自己的抖音账号，具体该怎么做呢？主要有以下几个方法。

第一，用户可以自由编辑或修改"签名"的内容，在其中引导 QQ 好友关注抖音号，如图 5-52 所示。

第二，与微信的朋友圈一样，自媒体人也可以利用 QQ 空间吸引更多的粉丝，只需要定期将抖音的视频作品发布在 QQ 空间即可，如图 5-53 所示。需要注意的是，在 QQ 平台上，即使用户不是你的好友，也能看到 QQ 空间的内容，所以最好将 QQ 空间的权限设置为所有人都可以访问，来增加视频的曝光率，而且评论区也可以进行管理，将审核评论开启，杜绝一些恶意评论。

图 5-52　设置 QQ "签名"的内容

图 5-53　在 QQ 空间发布抖音视频

第三，QQ 平台有一个兴趣部落，可以将有相同爱好的用户聚集在一起，自媒体人也可以通过兴趣部落更精准地吸粉，如图 5-54 所示。自媒体人还可以通过关注 QQ 兴趣部落中的同行业比较有名气的人，多评论他们的热门帖子，来获得黏性比较高的粉丝用户。

图 5-54　QQ 兴趣部落

第四，QQ 号的头像和昵称是大部分用户最先会注意到的，因此自媒体人可以将自己 QQ 的头像和昵称设为抖音号的头像和昵称，让自己的抖音账号能被更多 QQ 平台的用户注意到。

第五，自媒体人可以创建或加入一些与抖音号类型相符的 QQ 群，然后和群内成员保持良好的关系，便于后期进行抖音账号的视频发布。

5.4.11 线下实体店铺导流

在抖音平台的引流是可以从多个方向进行的，既能将抖音平台或者其他平台的用户引流到自己的抖音账号，也可以将自己抖音账号的粉丝引流到其他平台。而对于有线下实体店的自媒体人来说，借助抖音平台给自己的线下实体店引流也很重要。有实体店的自媒体人可以在抖音开通一个企业号，然后用"认领 poi 地址功能"体现出店铺的主要信息，将同城市的抖音粉丝用户吸引到实体店，进而实现转化。

第 6 章

自社群：23 种方法打造高黏性粉丝经济

学前提示

随着移动互联网的发展，促进了人与人之间交流方式的改变，社群营销在新媒体时代成为营销要点。微信是一个流量居多的社交平台，在微信里想要聚集一个社群，只要抓住方法，定能营造出一个活跃的社群。本章主要介绍自媒体人是如何通过社群营销月入上万元的。

要点展示

- 社群营销的基础知识
- 社群营销成功的关键点
- 如何创建社群
- 6 大技巧运营社群让粉丝上万
- 4 种方法让社群营销月入上万

6.1 社群营销的基础知识

现如今，社群营销已然成为一种极为火爆的营销方法，它的核心就是运营者与用户建立起"朋友"的关系，不是为了广告而去打广告，而是以朋友的方式去建立感情。接下来，笔者将为大家介绍一些有关社群营销的基础知识，以及对社群经济时代进行具体分析。

6.1.1 认识社群营销

社群营销在自媒体行业指的是运营者利用微博、微信各种群、社区等推销自身的产品或内容，而产生的一种商业形态，它的主要特点是基于相同或相似的兴趣爱好。随着互联网的高速发展，社群营销也成了各大运营者的营销趋势。

对于社群来说，粉丝是一种情感纽带的维系，粉丝的消费行为也是在对品牌和运营者拥有的感情基础上产生的。其中比较典型的就是"果粉"，他们只要一等到苹果出新产品，几乎都出现疯抢的状态，甚至在售卖点外驻扎，只为抢到自己喜欢的品牌产品，这就是粉丝效应，而社群是基于粉丝才能运营起来的。

在营销的过程中，将消费者变成粉丝，或者将粉丝变成消费者，都是扩大影响力的重要方式。就苹果来说，乔布斯的粉丝也是果粉的主要粉丝链接。

专家提醒

在社群营销里，粉丝是社群的基础。因此，运营者拥有大量的粉丝是展开社群营销的前提。在对粉丝进行社群营销的过程中，粉丝也会慢慢地发生转变，甚至成为产品的"生产者"。

6.1.2 用户的创造 = 运营者的创作

在工业时代，企业一般以产品的制造为主，在整个商业模式中，企业是核心力量。但是，在现如今的互联网时代，消费者也可以参与到产品的"制造"中来，企业听取消费者的一些意见或者建议，来制造出更符合消费者需求的产品。可以说，现如今，整个时代已经进入了一个"用户的创造 = 企业的制造"产品的时代。

基于这一点，自媒体运营者也可以听取用户的意见和建议，看他们希望自己推送什么样的内容以及产品。运营者还可以邀请用户参与到解决需求的工作中来，并为用户设立"吐槽社群"和"创新社群"，通过这两个区域的言论，可以从中吸收精华，将其放到内容的创作和产品的推荐中，为用户推送更符合需求的内容以及产品。

6.1.3 众筹＝角色转换

所谓"众筹",是指向群众募资以支持发起的个人或组织的行为。群众募资一般都会用来支持各种活动,比如进行灾害的重建、举办各种活动、开发软件、支持创业、实现艺术创作以及设计发明等。

但是,众筹并不是一种简单的投资,它是由一些社群里的精英提供部分资金,并在闲暇的时间里进行认知交流,分工合作,以提升价值的项目操作过程。社群众筹所表现出的特征是低门槛、多样性、大众化、注重创新等。

对社群众筹来说,社群成员的时间、智慧以及对社群的贡献是项目得以展开的重要因素。社群成员除了可以获得金钱方面的收益之外,也可积累经验、拓展人脉、寻找资源、实现价值交换。

社群"众筹"的核心思想就是:通过互联网,把原本分散的消费者、投资人挖掘并聚拢起来,为那些有创意的、个性化的产品找到一个全新的生态圈。

简而言之,社群众筹其实就是一个将社群成员、投资人、社群领导者的角色装换的过程。社群成员因某一个具有创意的、个性化的或者是具有发展潜力的项目聚集起来,将自己身份转换成为投资者、参与者,进而实现利益最大化。

6.1.4 社群＋情景等同触发

如今,互联网已经深入人们的生活,而不少企业看中了互联网这块大"肥肉",纷纷向互联网进军,从而出现了在互联网上有很多类似的产品,使得消费者需要精挑细选,才能决定购买。

对于消费者来说,选择的机会多了,往往都会选择那些口碑好、能触发他们情感的产品,所以运营者就要抓住消费者的消费习惯,可以往情景发展,触发消费者的情景需要,使得他们购买产品。简单来说,情景营销指的是运营者抓住了消费者在日常生活中的某个"相似的瞬间"来做推广,这样更容易使得消费者接受相同的宣传,而不会受到其年龄、性别、收入等因素的影响。

当社群营销与情景相融时,已经没有了"广告"的存在,而是让社群成员直接觉得产品的存在是为了解决自己的需求,社群里推送的消息是为了解决自己的问题,是便利生活的需要。所以,在社群营销＋情景的融合下,一定是精选的产品、有创意的产品、能触发消费者情感的产品。其中,社群营销＋情景的本质是为解决用户场景需求而生,触发社群成员的情感,回归到商业的本质。

对于社群营销来说,触发社群成员的情景需求,能实现物品与人之间的快速连接,从而促使整个购买行为的形成。也可以这么认为:"一个情景就是一个产品,一个产品就是一个社群。"在情景时代,运营产品就是运营社群,而在社群时代,情景就是触发社群成员情感的阀门,不管重点运用哪种营销方式,社群与情景都是不可分割的一体，而将社群＋情景糅合在一起，定能触发社群用户的情感，得到精准性。

社群＋场景模式的运营，必须要抓住以下 3 点因素，具体如图 6-1 所示。

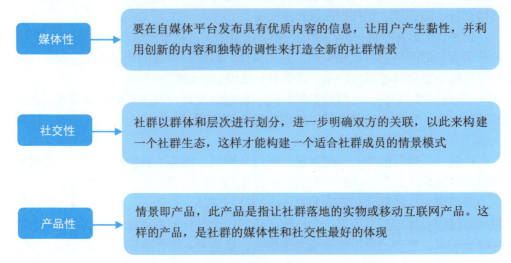

图 6-1　社群＋场景模式的运营需要抓住 3 点因素

情景产品可包括实物产品和移动 APP，微信公众账号在实物产品上贴上二维码打造礼品经济，而线下场所创新空间就更大，面对一个社群，可以通过更多方式，联合跨界落地。

总之，现实生活已经被细分为各种情景，情景的兴起是社群营销的趋势之一。各种垂直生活类 APP 的大量出现也是这一趋势的体现。情景即产品、产品即社群，这无疑证实了社群＋情景＝触发的营销趋势。

6.1.5　实时响应＋服务＝营销

社群，是以"人"为中心的一种营销方式，人与人之间点点相通，成为随处可在的信息节点。作为自媒体人，我们应该融合在"人"的里面，以朋友、社群中的一员的身份与社群成员一起交流、学习。如图 6-2 所示，为某摄影社群的交流学习内容。

实时响应的服务，是给社群成员一种情景上的体验，若响应速度快、内容质量高，则能在人们心中有一个好的印象，好的服务态度能决定人们是否继续使用其产品，所以社群营销绝对不能落下实时响应服务。

图 6-2　交流学习的社群

6.1.6　6 个社群营销的要点

很多运营者在进行社群营销时，都会抱怨社群营销根本就没有效果，或者是与之前自己预想的效果差别出入太大，于是就开始质疑社群营销是否能让自己得到收益。

事实上，有些运营者根本没有深入了解社群营销的特性，没有制定合理的营销规划，没有掌握社群营销的要点，才会导致社群营销惨淡收场。下面就来详细讲解社群营销的 6 大要点。

1. 做到长久运营

很多自媒体人在做社群营销时都容易步入一个误区，那就是"急功近利"，想要"一口吃成个胖子"，不想花费时间建立一个循序渐进的过程。尽管社群营销在快速吸金方面有一定的优势，但不意味着社群营销会因为一次活动、一次聚集就能得到显著的成效。

一些自媒体运营者总是抱着过于乐观的心态，不切实际地认为只要在社群里将社群成员聚集起来，组织一次活动，就能将自己的账号很好地推广出去，那是不可能的，这样肯定会使社群成员产生反感，甚至主动撤离社群。

所以，自媒体运营者需要坚持社群的运营，多推出一些活动、多与社群成员互动，才能获得忠实的用户。在决定进行社群营销之前就应该做好长期战略准备，而不是哗众取宠，进行一瞬而逝的炒作，这样才能使社群营销发挥真正的作用。

专家提醒

在运营社群营销时，需要坚持不懈、持之以恒，不要只将社群看作一种营销手段，需要将社群看成自己的一个"朋友圈"，将自己"掌舵人"的光环收敛起来，与社群成员随时随地进行交流。

2. 将特性相结合

有些自媒体运营者在做社群营销时能取得立竿见影的成效，而有些在做社群营销时久久不见收获；抑或是了解自己的人多，可真正关注的人实在是少之又少。造成这种差别的原因，是由自媒体人的内容决定的。

例如，运营者如果只是推送日常的一些八卦内容，然后很硬性地打广告，大部分人都会讨论，但没人会因为这样的广告而产生需求。而一些专业技术方面的内容针对性比较强，几乎不可能让每个用户都关注，更多地是进行宣传，引起社群成员的兴趣，进而吸引关注。

所以，在进行社群营销时，需要将内容和产品特性相互搭配、组合，不能只单看一方面，不一定讨论得多，营销策划得就完美无缺，不一定关注低，营销就毫无效果。只有在社群里将内容与产品的特性相结合，才能让社群成员在活动中自然、不突兀地了解运营者账号的特点，社群营销就是有效果的。

有些自媒体运营者在做社群营销时能很快地取得效果的原因之一，就是用户对他的账号很熟悉，省去了自我介绍、得到大批用户认可的时间。所以，一旦用户对自媒体运营者有了一定的了解，那么就不会去质疑，社群营销的效果就会比较显著。

而一些知名度比较低的自媒体运营者，在社群营销初期阶段可能不会一帆风顺，因为用户没有足够的了解度和信赖感。所以，这一部分的自媒体运营者在运行社群营销时会比较吃力。

当然，这并不意味着这部分运营者就不适合社群营销，相反，这些运营者在建立社群营销的路程上，更能够接近用户，能更快速地拉近与用户的距离，随之就能积累起名气，成为用户更信赖的自媒体账号。

3. 进行战略规划

社群营销是一个完整的系统，这个系统至少要经历3个阶段，才能逐渐成熟。

● 第一阶段：前期市场调查、产品选择。

- 第二阶段：中期方案策划、活动开展。
- 第三阶段：后期跟踪反馈、修正改善。

进行社群营销时千万不要随波逐流，也不能没有规划性地进行社群营销，事先需要一定的推广，来预热社群的存在，也可以在某个社交平台上与适合的人群建立情感联系，这样才能将社群营销带入一个好的趋势。

运营者在做社群营销时，不要将它看成一种普通的营销工具，而是作为一种社交专业化的营销渠道。只要适合社群营销，那么在做战略规划时，就可以认真地做好营销整体性规划，从策划到安排的过程中，尽量提高社群成员的参与性。

运营者一定要做到，在关注销售的同时，还要关注与社群成员的交流，从与社群成员的交流过程中，获取产品需要改善的地方、消费者对企业的看法和建议，还可以培养社群成员对品牌的认知度和认可度，这样的社群营销，才有可能获得一定的盈利。

4. 清楚营销目标

在社群营销开展之前，还需要想清楚建立社群的目的，一般来说自媒体运营者进行社群营销具有3个常用目的，具体如下。

- 直接提升营销额。
- 进行宣传推广。
- 提高知名度。

当然这些目的都可以兼顾，可是运营者需要将兼顾的目的分出主次，只有明确了目的性，才能制定有针对性的活动方案，让活动不偏离之前所制定的规划，让活动执行变得有效，使社群营销的效果最大化。

社群营销的目的并不是空想的，而是根据产品特性和规划来进行选定的。自媒体运营者只有明确目的后，才能集中资源进行相应的活动，避免花费无谓的时间和资源上的浪费。

5. 调动社群气氛

刚刚开展社群营销时，一定要维护好社群里的气氛，千万不能让社群变成一个"死群"，最好能让社群成员主动聊天，如果社群成员能主动调动社群气氛，运营者会省事不少。那么问题来了，该如何让社群成员主动调动社群气氛呢？其实很简单，通过开展一些活动，让社群成员有一个共同的话题即可。

总之，运营者需要通过制造社群气氛，对社群成员适当地进行引导，使得社群气氛以传染、持续的气焰游走在整个社群中，避免出现忽冷忽热的情况，这样才能使得社群成员的质量得到有效的提高，也会使得社群成员的忠实度越来越稳固。

6. 挑选恰当时间

任何营销模式都有一个时间限定，虽然社群是一种去中心化、自由交涉的载体，但运营者还是要找一些好时机加入到社群成员的交流中去，这样才不会显得随意和突兀，届时运营者的出现，会让社群成员觉得是顺其自然的。社群营销还需要考虑社群成员的作息时间和生活习惯，选择最恰当的时间开展活动或发起聊天。

总之，在社群中最好选择一个不错的时间段进行信息的发布，当然上面所提到的时间只是一个大概的状况，不同的内容需要根据不同的时间选择，这样才能取得不错的成效，但是无论作何选择，都要遵守不打扰人们日常生活的原则。

6.1.7　3个社群营销的要素

不管是在PC端还是移动端，用户日活跃表现是判定社群营销的关键。用户日活跃度的高低，预示着用户与社群的关系好坏，也从侧面代表着运营者推送内容的质量，以及运营者账号的运营质量。下面就来了解做好社群营销的3大要素。

1. 建群的作用

一般来说，社群运营的目的分为两点：第一，建立与用户的接触点，将运营者与成员之间的连接时间和次数变得更长；第二，让社群成员之间互相服务，实现强力的黏着。在很多运营者的心中，社群营销是低成本运营，其实不然，低成本运营需要构建适合社群营销的方法，才能得以实现。

在社交网络中，每个人的关系链和好友圈子就是一个个小众的社群，他们会随时随地根据大家的需求来展开讨论，寻求解决方案。对一部分运营者来说，在高频的需求下，现有用户、合作伙伴的好友关系链就是社群。

随着时代的变迁，运营者慢慢将跟随用户进入现有社群，或者鼓励用户建群的社群思路已经逐渐清晰，这为运营者进入社群营销提供了一个新的自然切口。社群一旦形成，成员之间会互相介绍、推荐好友加入。

除了寻找社群之外，好友相互介绍也是加入社群最常见的方法之一，由此带来社群的自然生长和裂变。一个大社群很有可能会变成多个小社群，这些小社群也会再度扩展成更大的社群。这样循环的过程，既能在社群里调动气氛，又能加强社群的扩散，无疑是社群的魅力所在。

2. 社群激励机制

对于许多社群来说，用户的长期维系与活跃会成为运营者面对的挑战，届时就需要激励起用户的自助激励。

> **专家提醒**
> 　　自助激励,是用户主动寻找属于自己感兴趣的爱好或社交激励,它随着时间和用户的不同而不同。自助激励的实现,依赖于用户能否在产品中树立属于自己的自助目标。

在通常情况下,社群中产生的互动越多,社群成员就越活跃。除此之外,用户在社交网络中还会自己设定一个目标,并努力去完成它。我们把这个目标称为自助目标,获得的结果也是用户释放给自己的自助激励。

如果运营者只利用常见的奖励面对用户,多半会出现一种局面,那就是铁杆用户将不断离去,最终留下的是刷奖用户。自助激励,正被充分借鉴到日常社群运营中,用户一旦确立了个性化目标就会被吸引住,并且还会想办法让自己志同道合的朋友一起在社群中交流。总之,运营者需要激发出用户的"自助激励",这样才能使社群以拥有高活跃度用户的趋势不断成长。

3. 社群成员自由化

对于之前社群营销的讨论方法中,有一个观点:"社群领袖对于社群的长期活跃会起到很大作用。"在社群营销刚刚起步的时候确实是有用的。但如今,社群营销已经逐渐走向成熟了,就需要运用社群的方式来运营、发展,届时社群领袖的角色会迅速淡化。社群成员占据了主导地位。

在社群中需要每一位成员都在活跃、都需要做出贡献,共同推动社群前进,这才是当代社群营销的意义。在社群中可能某一时刻某一成员起到的作用会略大,但到了下一个时刻,又有其他活跃分子扮演起了关键角色。

在社群中高质量的转化效果,是许多产品"冷启动"提供的入口,大部分社交产品在"冷启动"过程中,社群机制发挥了重要作用。例如,之前微信红包的火爆,也和微信社群有关系。

在社群运营中,运营者施加的影响越大,有时用户参与度反而越低。在社群中,运营者需要做的是放弃控制的意愿,让社群成员在小圈子中自由组合,扮演不同的角色。

6.2 社群营销成功的关键点

这个世界不确定因素太多了,验证了一句话"计划永远赶不上变化",有太多的因素随机组合，这使得没有准备面对各种挑战的运营者，不知如何是好。

那么，对于自媒体人建立社群来说，到底该怎样才能打破不确定因素，进行成功的社群营销呢？具体要抓住 3 个要点。

- 产品或体验极致＋传播内容的用心。
- "粉丝经济"不等于"社群经济"。
- 社群的重点价值在于运营。

很多运营者将"粉丝经济"和"社群经济"画上了等号，而事实并不是这样，运营者需要了解"社群经济"的实质和关键点。只有掌握了 3 大关键点，才能很好地打破"粉丝经济"等于"社群经济"的说法，进一步突破为"社群经济"。

6.2.1　极致体验和传播内容

如今对于不少自媒体人来说，是一个"社交红利时代"。在这个时代里，只要懂得社交、懂得传播，就能够掌握商业的先机。然而商业营销光是抢占先机还是不够的，那些在社群营销中尝过甜头的自媒体人，如果没有将产品或内容做到极致，那么他们所做的商业营销，只是在互联网中进行一次容易被淡忘的炒作而已。

例如，"凯叔讲故事"公众号，如果不是把它的故事内容做到极致，也不可能有那么多的粉丝用户。由此可知，产品或内容做到极致在社群营销中是非常重要的，我们应该学习那些社群前辈的社群思维，以社群思维为核心，为自己的社群成员推送有极致体验的产品和好的内容。

当然，单单只是将内容或体验做到极致是不够的，还得学会传播和推广。很多运营者会误认为社群营销不需要传播，若传播容易使社群成员产生反感心理，这种看法是对社群营销的误解。如果不去传播，那么社群成员又怎么能知道你的内容优秀在哪里，推荐的产品的好处呢？又怎能将自己新的内容展现在社群成员面前呢？

所以，传播一定要有，只是方法的问题，可以将传播嵌入到活动中，让社群成员在活动中了解到自己的内容。由此可以说明，在社群营销中："体验极致＋传播内容的用心"是一对重要的组合，虽然它们不一定是决定社群营销成功与否的关键，但是社群营销如果没有这样的一个组合，那么一定不会成功的。

6.2.2　"粉丝经济"不等于"社群经济"

很多运营者容易混淆"粉丝经济"与"社群经济"，将"粉丝经济"＝"社群经济"，其实这样是不准确的。任何自媒体人都会有属于自己的粉丝，但如果仅仅停留在粉丝这个层面，那么无非就是把以前的忠实用户的称呼换一种说法而已。

对于自媒体人来说，是一定要经营好"粉丝经济"的，而"社群经济"就是将不同类别的人群聚集在一起，可谓是包罗万象，但这些人群有一个共同的核心，就是对自媒体人的忠诚度比较高，只有完成"从用户到粉丝再到朋友"的转变，才能聚集成一个有价值、参与性强的社群。

6.2.3 运营是社群的价值重点所在

在本节笔者将为大家介绍社群运营方面的内容，运营是社群价值重点所在，其主要体现在 3 个方面。

1. 从"小"出发

很多运营者的社群营销之所以成功，是因为他们从"小"出发，将自己的进群范围缩小、将自己的态度和主张体现出来，从而产生小众的人格魅力，使得粉丝、用户因为认同运营者的魅力而聚集在一起。

2. 连接成员

随时随地连接社群人群，是社群运营必须要做的，只有这样运营的社群营销才能与社群成员建立起不可磨灭的感情，要是不看中"连接"，那么运营者的社群必定不会成功，只会是一个曾经聚集过人群的载体而已。因此，运营者要学会及时连接社群成员，与他们打成一片，彼此成为好朋友、好伙伴。

3. 培养凝聚力

社群在刚开始运营时，社群成员有可能会像一盘散沙，他们需要在运营者的带领下才能长久地因为某件事聚集在一起，不然很容易出现流失。因此，运营者在建立社群的初期，需要提出某个点，使得人们因为这个点而聚集起来，而运营者还要与聚集起来的人群进行一对一、一对多的交流，走进社群成员的生活中，与他们一起交流、探讨、谈天说地，这样才能将社群运营起来。

运营者还需要注意的是学会挑选，不能只将注意力放在聚集的人数上，而是需要将注意力放在人群质量上，学会在社群里"取其精华，去其糟粕"，挑选出质量高的社群成员，这样才能使社群氛围越来越好。

6.3 如何创建社群

一般来说，QQ 群和微信群都是比较私密的，群的概念比较内敛，因为现在微信的运用更广泛一些，所以笔者就以微信为例，来阐述社群的建设。

在好几年前，微信群更多地是一些好朋友、小圈子，人数不多。而现在很多微商、网红、自明星们都会建立自己的微信群，来维护与粉丝的关系。通过在微信群中不断地交流，可以拉近与粉丝之间的感情与距离。微信群有一个非常大的特点——"免费"，且不说运营群的方面，单单建群，就无需花费什么费用，只要微信里有朋友，都能免费建群。

6.3.1 建立微信群的具体步骤

对于社群营销来说，微信就是一个社群载体，也许并不是每一个微信群都是社群，不是每一个公众号都在运用社群营销，但总有那么一两个在微信这个大的社交圈子里，将社群营销做得风生水起。

下面以发起群聊创建为例，介绍微信群的创建，具体步骤如下。

打开微信，❶点击微信界面右上角的"+"图标；❷然后点击"发起群聊"按钮，如图6-3所示；进入"发起群聊"界面，❸勾选想要添加到群里的好友；❹然后点击"确定"按钮，如图6-4所示。至此微信群创建成功，用户就可以通过该微信群进行图文等资料的发送和群成员聊天了。

图6-3　点击"发起群聊"按钮

图6-4　点击"确定"按钮

6.3.2 通过群二维码扫码入群

如果自媒体、网红们已经创建了微信群，需要加入新成员到该社群的话，可以分享群二维码图片，让有意向的客户主动加入该社群。

打开微信群聊天窗口，点击右上角的"群组"按钮，进入"聊天信息"界面，点击"群二维码"选项，如图6-5所示。进入"群二维码名片"界面，在其中显示了微信群的二维码信息，如图6-6所示。将此图通过截屏的方式存储下来，然后发送给其他顾客或粉丝，新成员通过微信扫描二维码，即可加入该微信社群。

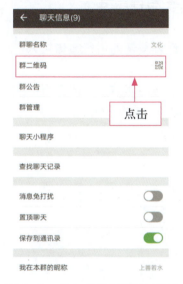

图6-5 点击"群二维码"选项

图6-6 微信群的二维码

专家提醒

可以通过加入一些比较火爆的微信群，或是兴趣爱好比较集中的微信群，经行社群营销，这样的群比较成熟，并且群成员的质量比较高，只要能吸引到他们中的一个人，就会有一个不错的传播效应。当然，在加入一些火爆的微信群时，可能需要付费才能进入，这也是一种营销方式，通过其他群对本群进行导流。

6.3.3 对群二维码进行分享与导流

在信息传播方面，微信群有不可小觑的威力。比如，一个经营着淘宝店的自媒体可以通过微信群定向发布自家产品的最新信息。

由于消息是主动推送给群组成员的，因此达到率和打开率都要高于朋友圈，后者容易错过消息。那么，微信群如何进行推广才不会被社群成员感到厌烦呢？

1）通过微信公众号向微信群导入

运营者可以建立一个与微信群主题相关的公众号，名字起得吸引人一点，这样才能引起人们的注意。另外，公众平台每天需要一定的时间进行内容维护和推送，在推送的内容中添加微信群的信息，这样就有一定量的人主动扫二维码，或添加群主微信好友申请进群，这样就能获得更多的社群用户。

2）人脉资源推广

可以利用自身的人脉资源来推广微信群，让好友帮助进行宣传拉人。

3）广告合作

可以通过互换广告位的方式，在其他网站发布微信群二维码进行推广。

如图6-7所示为网红们通过公众号宣传微信社群的案例。

图6-7　网红们通过公众号宣传微信社群的案例

在推广微信群的过程中，我们还需要注意以下问题。

- 由于微信群的名称所有群成员都可以修改，因此最好每天查看是否被修改遇到不是在聊群主题的用户，可以进行私聊引导，以免骚扰到其他用户，导致退群。
- 由于手机管理微信群操作不便，可利用微信网页版对微信群进行管理。
- 通过群发邮件然后添加好友的方法，发送50个邮箱以后建议换号发布，以免出现对方收不到邀请信息的现象。
- 微信群建立初期，每天不宜一次性发布大量内容，可选适当时间发布几条，以免成员退群。

- 积极与群内活跃成员沟通，使其帮你一起发布内容，带动其他会员参与。

社群一开始寻找社群成员，可能需要邀请自己的朋友、忠实客户、品牌粉丝、朋友的朋友来帮自己撑场面，等有了一定数量的社群人数，即可慢慢去其他社交平台上添加新成员。

6.4　6大技巧运营社群让粉丝上万

如今不少微信社群已经成为消费者搜索产品、品牌，进行互动交流的重要场所。微信群组功能，是可以实现一对多地沟通，使运营者建立一个接近消费者心声的重要场所。本节主要介绍运营微信社群的7大技巧，让社群粉丝迅速暴涨。

6.4.1　建立社群的管理规则

随着时代的变迁，很多自媒体人都会鼓励客户或粉丝进入自己的社群，这为传统企业进入社群营销提供了一个新的自然切口。社群一旦形成，成员之间会互相介绍、推荐好友加入。

建立了微信群之后，一定要建立社群管理规则，没有规矩不成方圆，毕竟我们创建微信社群最终的目的是进行更好的营销。作为群主的运营者需要写一些内容对进群的朋友们表示欢迎，同时需要表明这个群的相关管理规则，如不能在群中发广告信息、发与群无关的营销信息等，可以委婉地融入一些管理规则内容。

如图6-8所示为微信与QQ社群的管理规则，群介绍中简单说明了本群的类型，相关规则，以及本群所讨论的内容，最后说明了本群严禁广告。

图6-8　微信与QQ社群的管理规则

下面介绍在微信朋友圈中建立社群规则的操作方法。

打开微信群聊天窗口，点击右上角的"群组"按钮，进入"聊天信息"界面，选择"群公告"选项，如图6-9所示，进入"群公告"界面；❶在上方文本框中输入相应的群公告内容；❷点击"完成"按钮，即可保存群公告信息，如图6-10所示。

图6-9 选择"群公告"选项

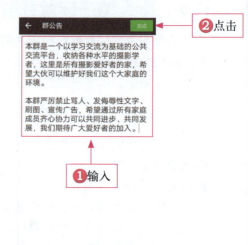

图6-10 输入群公告内容

专家提醒

当运营者在设置"群公告"时，系统会自动将此条信息@所有用户发送至群内，并且保留在"群公告"中。当群友查看群里的信息、或是有新朋友申请加入群中时，就会看见群公告。

6.4.2 新人进群有迎新仪式

仪式感是人们表达内心情感最直接的方式，比如情人节和爱人一起吃一顿幸福的晚餐，母亲节给妈妈精心准备一份礼物，又或者公司进新员工举行欢迎仪式，这些都是仪式感。微信群是小型社群，也应该有新人进群的迎新仪式，表示对新成员的欢迎和重视，让新成员有存在感。

如图6-11所示为新人进群后，群主在群里发送的新成员个人简历，表示对新成员的欢迎，老成员从个人简历中通过对新成员资料的了解，找到共同话题，也可以深入交流，建立感情基础。简历中放了新成员的个人微信号，是希望会员与会员之间深入地交流，发挥社群的最大价值。

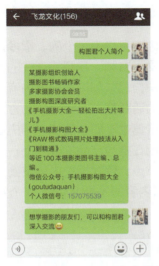

图 6-11 群主在群里发送的新成员个人简历

6.4.3 发个人照增加活跃性

社群里面进新成员的时候，爆出新成员的个人照，能让严肃、安静的社群瞬间活跃起来，也能增加社群会员之间的相互了解、认识。如果进群的新成员是帅哥或者美女，那影响力就更大了，社群的活跃度瞬间提高 N 倍。

如图 6-12 所示，为群主发送的新成员照片，帅哥一枚，既有能力又有很强的摄影专业功底，瞬间引爆社群成员。

图 6-12 群主发送的新成员照片

6.4.4 制造用户喜欢的内容

为了留住用户，制造用户喜闻乐见的内容是必不可少的。很多运营者认为内容的制造只是简单地向用户提供文本、图文、音频、视频等形式的信息就好了，实际上，让社群有吸引力的前提条件是用户自己来创造和分享内容。因为只有这样的内容才能满足用户需求，并提升用户的活跃度，促使用户成为粉丝。

对于自媒体人而言，不同类型的内容价值也不同。例如，用户提供了评论产品的内容，运营者就可以从中吸取精华，用在推荐产品的改善上；如果用户提供娱乐类的内容，运营者可以记住内容中的特点，查找相关内容发到社群中去，引起社群用户的注意。一般来说，我们发布内容时需要从以下 3 个方面考虑，如图 6-13 所示。

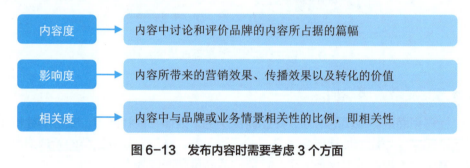

图 6-13 发布内容时需要考虑 3 个方面

专家提醒

在社群营销中，内容是需要有标签的，而标签就是一种标注内容的属性、关键词的工具。通过标签可以进行过滤、聚合和快速找到用户所需要的内容，从而提高用户查找内容的效率。

6.4.5 培养自己的铁杆粉丝

运营者可以通过制订详细的粉丝计划来大力培养自己的铁杆粉丝，树立相同的观念，最终打造成拥有铁杆粉丝的自媒体社群平台。在"培养铁杆粉丝"的过程中，可以从以下两个方面出发，一步一步地进行铁杆粉丝的培养计划。

(1) 聆听用户的心声、与用户互动、耐心与用户对话。只有这样粉丝才有被尊重的感觉，提升用户体验。

(2) 从粉丝需求出发，通过奖励来提升粉丝的活跃度。分析粉丝的需求、制订好奖励计划，送上用户需求的礼品，这样能大大地增加粉丝的体验，进一步巩固粉丝的留存率。

(3)真诚沟通，不管在是怎样的营销活动，都需要真诚沟通才能使营销获得成功，而在网络社群中、不能面对面交流的社群中，更需要真诚沟通。这在社群营销的内容中，是必不可少的一环，是体现真实性、可靠性的纽带，是社群成员相信运营者的重要砝码，所以在社群营销中一定不能掺杂任何夸大其词的宣传。

> **专家提醒**
>
> "培养铁杆粉丝"的两个方面，都是以粉丝体验为目的，让粉丝拥有一个好的体验才能触动粉丝的内心，促使粉丝心甘情愿地留在社群中，成为社群运作的一分子，提高粉丝的忠诚度。

6.4.6 注重质量产生好口碑

想要运营好微信社群，就需要使用一些小窍门，比如通过赠送优惠的礼品、用户之间的口碑推荐等来打响自媒体品牌，为品牌树立良好形象。不过口碑的打造是需要粉丝的努力的，主要是在粉丝认可产品、品牌的基础上，心甘情愿地推荐给自己身边的人，从而形成口碑。一般来说，形成口碑的途径如图6-14所示。

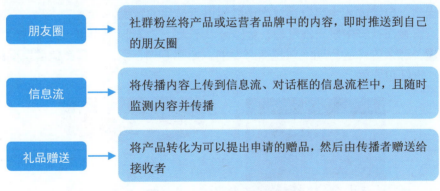

图6-14 形成口碑的途径

> **专家提醒**
>
> 赠送礼品是树立好口碑的较好途径，因为用户很多时候在乎的是实际利益，如果在社群之中营造了赠送礼品、优惠券、折扣等良好的氛围，那么用户自然而然也会主动帮忙宣传口碑、传播品牌。

不管怎样，只要粉丝愿意主动宣传口碑，自觉地把产品介绍给身边的亲朋好友，对产品和品牌进行宣传和推广，那么用户"智造"定然是成功的，同时还为运营者成功地进行了有效传播。

6.5 4种方法让社群营销月入上万

社群营销并不是简简单单建立一个群就能进行成功的营销活动，而是需要掌握社群营销的关键点，才可以慢慢地将社群营销雏形变成熟。

6.5.1 社群的红包营销技巧

发红包，对于人们来说是一种喜庆的事情，比如某些节日长辈会给小辈发红包，或者是老板发红包给员工表示鼓励，抑或是结婚时发红包活跃气氛讨个好彩头等，随着社会文明的演变，发红包开始结合在互联网上，发红包的内容也越来越丰富。

"发红包"已经变成了"抢红包"，而微信群也成了"抢红包"的好场所，也因为微信的便捷性，更多的社群成员希望参与进来，从而能在自己所在的社群中享受"抢红包"的乐趣。

如今，红包已经成为利用互联网吸引用户、进行营销的普遍手段，虽然微信不再独占鳌头，却不失当年的风采，吸引着营销者利用微信红包来活跃社群的气氛。当然，自媒体人也可以通过微信红包进行产品的营销。

运营者在社群中发一发红包，金额可以不大，这样能引起用户之间"抢红包"的兴趣，那么这样的互动绝对是有必要的。如图6-15所示，是微信群里面的抢红包、拆红包界面。

图6-15 在微信群里抢红包

> **专家提醒**
>
> 如果想要在社群运营中更加充分地利用"抢红包"这一活跃气氛的手段，还要注意以下几方面的问题。
>
> （1）让用户尽可能成功地抢到红包。
>
> （2）发红包要一气呵成，不要让用户左等右等，最后丧失耐心。
>
> （3）发红包要有金额限制，以免损失利润。

6.5.2 扩展人气塑造个人品牌

通过朋友圈这个社交平台进行社群营销时，需要注意 5 个方面的问题：一是有自己的独特观点；二是把产品信息介绍详尽；三是要学会互动；四是要学会分享干货；五是要传递正能量，树立好口碑。

例如，致力于打造美食的运营者可以通过微信朋友圈发布一些关于美食的疗效，或者配上带有文艺气息的文案，就能有效吸引用户的注意力，从而增加用户黏度，打响知名度。如图 6-16 所示为在朋友圈分享美食的信息，图文结合更有吸引力。

图 6-16 朋友圈美食分享

6.5.3 运用团队进行社群营销

通过微信社群进行产品营销时，需要运用团队的力量，也就是运营者在群里发布信息时，一定要有自己人捧场、炒人气、作宣传，把社群闹腾起来，活跃群内的气氛，让大家对你的内容感兴趣，从而让用户产生关注行为。

如图6-17所示为运营者发布了相关图书产品后，接下来有团队内部人员在下方评论，引爆社群气氛，使大家对发布的产品感兴趣。

图6-17　运用团队进行社群营销

6.5.4　微信群的营销与管理

微信社群需要运营者悉心管理，才能产生好的营销效果。下面就来介绍社群营销在微信群里的运营方式。

1. 内容运营

针对群的定位每天发布固定内容1～5条，以微信打折购物群为例：每天发布3条，内容以特价商品为主。

2. 活动运营

用户可以在群里与有共同兴趣爱好或话题的人畅聊，每天可找热点话题讨论；可定期开展讲笑话、猜谜语、智力问答等小游戏；可配合官方活动同步开展微信活动。

3. 会员运营

积极与群内活跃成员沟通，使其帮着一起发布内容，带动其他会员参与；设立类似群主的职位，让他在运营者不在的情况下帮忙维持群内秩序。

4. 微信群矩阵

建立多个微信群和公众号，互相推广，使粉丝利用最大化，要努力让自己的社群成员主动变成自己的推广专员。

如图6-18所示为微信打折购物群信息，以发布特价商品为主。

之前电影《后来的我们》上映，导演刘若英的知名度很不错，这位自媒体人通过引用这部电影的剧情，以及通过电影给我们的建议，从而对产品进行推广和宣传。如图6-19所示，即是通过热点话题营销产品。

图6-18　微信打折购物群信息

图6-19　通过热点话题营销产品

第 7 章

自引流：18 个技巧让自媒体人快速涨粉

学前提示

自媒体平台账号在进行运营时，肯定希望能够拥有更多的活跃度高的粉丝。因为粉丝数量的多少是衡量平台运营成功与否的一个重要依据。而要想吸引更多粉丝关注，就需要利用一些实用的技巧。本章将为大家介绍常用的快速涨粉的技巧。

要点展示

- 粉丝经济为自媒体人助力
- 自媒体人必知的导流方法
- 提升用户活跃度推进发展

7.1 粉丝经济为自媒体人助力

自媒体、新媒体的盛行让粉丝经济迅速崛起，这种依靠粉丝发展的运营方式让许多企业和商家纷纷转变战场。运营者要想经营好粉丝经济，就要进行粉丝导流和转化，这是一个极富挑战性的问题。本节将介绍为自媒体人助力的粉丝经济，希望大家能完全掌握并灵活运用。

7.1.1 粉丝转化成经济

依靠粉丝发展的营销方式是许多运营者转战自媒体的原因，但是要想拥有自己的粉丝是一件极富挑战性的问题，而粉丝转化成经济更具有挑战性。因此，运营者需要了解粉丝在自媒体时代的表现，抓住经济产生的时机。粉丝在自媒体时代的表现如图 7-1 所示。

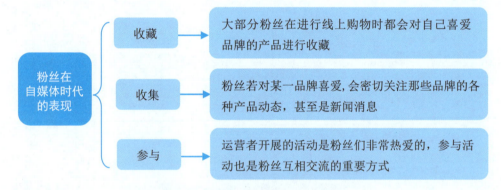

图 7-1　粉丝在自媒体时代的表现

7.1.2 粉丝转化的作用

用户转化成粉丝后，粉丝也要转化为产品的购买者，才能给运营者带来真实的利益。因此，粉丝转化是自媒体可持续发展的重要组成部分，而且运营者运营自媒体就是为了增粉和获取更多转化的机会。另外，粉丝转化还有以下 4 个作用。

第一，具有很高的忠诚度，认同产品和品牌，支持运营者的发展。
第二，存在很大的互动成分，可以提高用户互动积极性。
第三，增加粉丝与运营者的黏性，提高购买率。
第四，牵一发而动全身，有很好的免费推广的效果。

7.1.3 粉丝经济的结构

粉丝经济有 4 个重要的结构，分别是社会资本与信任关系、自组织网络与口碑推荐、互惠关系与消费者驱动的 C2B 模式、社交对话与虚拟自我，这些结构涉及的范围比较广，自媒体经营者也可以从中吸收到一些营销知识。下面主要对粉丝经济的这 4 个重要结构进行具体分析。

1. 结构 1：社会资本与信任关系

通俗地讲，社会资本指的是企业通过社会关系获得的资本，它对企业与粉丝之间的联系起着不可磨灭的作用。例如，在当前的社交网络中，微博、微信以及一些品牌社群里的粉丝或者好友，对企业来说，都是一种社会资本，因此一定会重视对这些平台的粉丝经营。在社会学里，社会学家将社会资本分为 5 种命题。下面对社会资本的 5 种命题进行图解分析，如图 7-2 所示。

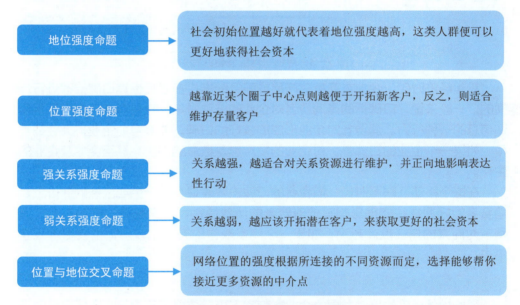

图 7-2 社会资本的 5 种命题

社会资本主要包括信任、规范和关系网络这 3 大要素。其中，信任是其关键的要素。信任不仅存在于个人与个人之间，也存在于整个社会关系之中。由于社会资本与信任之间的关系非常紧密，所以，一般来说，相关人员在对社会资本进行研究的同时，也会从不同的角度对公民的信任指标进行测量。

消费者的信任关系强度，一般可以从 3 方面来判定：第一，年龄、性别、职业等；第二，关注的时间、实际距离、互动频率、互动情绪指数等；第三，信息流方向、行为的亲密度、互惠内容的价值量等。由此可见，运营者可以通过对信任关系强度的量化，来加强对粉丝的了解，并根据粉丝的差异化，对粉丝进行具体的分类。

2. 结构2：自组织网络与口碑推荐

移动自组织网络是由移动通信和计算机网络相结合而产生的，从分布来看，它属于一种自治的、多跳式的网络，没有固定的基础设施。因此，在用户不能使用现有网络基础设施的情况下，它能够为用户提供一种终端之间的相互通信。自组织网络具有的特点如图7-3所示。

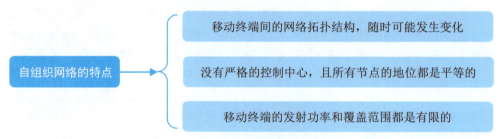

图7-3 自组织网络具有的特点

粉丝经济时代，企业或商家对产品或服务的推广多是凭借其口碑推荐进行传播的。一般来说，口碑指的是消费者对企业的一种看法，它是消费者之间互相传递信息的一种行为。消费者对企业形成的较好的口碑，能够帮助企业扩大营销规模。如果一个企业的口碑差，对企业的发展也是致命的伤害，甚至会危及企业的生存。

在这个移动互联网时代，消费者的口碑主要表现在对产品或服务的评价上，消费者的好评往往能够影响其他消费者的消费抉择。商家获得的好评越多，消费者对商家的信任度就越高，如果一个商家获得的差评比较多，也会很难经营下去。

3. 结构3：互惠关系与C2B模式

随着粉丝经济的蓬勃发展，企业或商家不再只依靠传统的售卖方式来获得利润，他们也会利用互惠关系和粉丝驱动的C2B模式来获得一些创造性收入。比如进行一些预售、团购、特卖和私人订制等。

可见，这种互惠关系和C2B模式是非常重要的，互惠关系主要发生在经济交换或交易方面，在社会化的电子商务中，它是一个核心的要素。这种互惠关系在企业和消费者之间主要表现在以下两个方面。

（1）人与物的互惠关系。企业通过团购、促销等方式给消费者提供各种优惠，以此来吸引消费者，建立更加牢固的经济交换关系。

（2）人与人之间的社会交换关系。要加强与粉丝之间的互动，进而在互动中建立彼此的信任。

C2B指的是消费者对商家的一种模式，它的主要特点是消费者通过集体议价，可将价格的主导权从厂商转移到自身，告别了以往厂商定价的形式。消费者可以通过讨价还价的方式为自身赢得更多的利益。

4. 结构4：社交对话与虚拟自我

粉丝经济的发展离不开经营者与粉丝的互动。其中，值得注意的是，社交对话是粉丝互动和参与的核心。品牌社群为粉丝提供的社会归属感和身份认同，也是粉丝实现虚拟自我的体现。下面对社交对话和虚拟自我进行具体介绍。

(1) 社交对话。这是一个信息交换的过程，是人们进行信息传播和思想传播的有效途径。对企业和商家来说，它也是建立粉丝信任的主要方式之一。

(2) 虚拟自我。从目前来看，虚拟自我多指人们利用互联网来构建的自我。虚拟自我的产生与人们内心的渴望是分不开的。现阶段，粉丝所参与的各种社交网络社群，可以说是一种虚拟社群。在这种社群中，粉丝一般会根据自我与团体之间的关系以及与他人交流的需要来呈现出一种虚拟的自我。

7.2 自媒体人必知的导流方法

本节主要介绍11种引流涨粉的技巧，帮助自媒体人快速获取大量粉丝，火爆自媒体平台。因为近两年微信公众平台成了大部分自媒体人的聚集地，所以本节是以微信公众平台为例，来介绍吸粉的方法，其实各个自媒体平台的吸粉方法区别并不是特别大，大家可以通过本节内容举一反三、灵活运用。

7.2.1 爆文实现大范围内的吸粉

"内容为王"这一理念是适用于整个运营过程的，在引流方面更是有着莫大作用。有时候一篇吸引人的爆文能瞬间吸引大量粉丝来关注公众号。那么什么样的内容才能称为爆文呢？爆文又应该如何打造呢？下面分别从宏观和微观两个方面进行讲解。

1. 爆文的宏观视角

从宏观角度来看，爆文内容应该具备以下3个特点。
1) 内容要有特色
在自媒体平台的内容方面，要把握好以下两个要点，才能提升平台内容特色。
- 个性化内容：个性化的内容不仅可以增强用户的黏性，使之持久关注，还能让自身账号脱颖而出。
- 价值型内容：运营者一定要注意内容的价值性和实用性，这里的实用是指符合用户需求，对用户有利、有用、有价值的内容。

玩转自媒体（第 2 版）

专家提醒

不论是哪方面的内容，只要能够帮助用户解决困难，就是好的内容。而且，只有有价值和实用的内容，才能吸引和留住用户。

2）增强内容的互动性

通过自媒体平台，运营者可以多推送一些能调动用户参与积极性的内容，将互动的信息与内容结合起来进行推广。单纯的互动信息推送没有那么多的趣味性，如果和内容相结合，那么就能够吸引更多的人参与其中。

3）激发好奇心的内容

运营者想要让目标用户群体关注自己，若从激发他们的好奇心出发，如设置悬念、提出疑问等，往往会有事半功倍的效果，远比其他策略要好得多。

2．爆文的微观视角

上面从大的内容方向上对爆文要具备的特点进行了阐述，下面将从具体的一篇文章出发，谈谈怎样打造爆文，具体分析如图 7-4 所示。

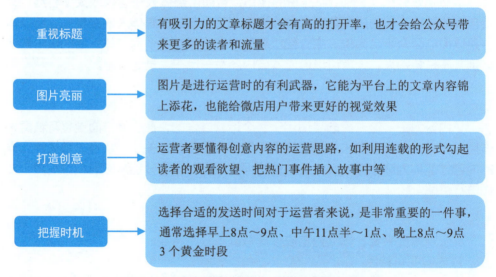

图 7-4　从内容的微观因素方面打造爆文的方法

7.2.2　捕捉百度热词搜索引导用户

每次一个热点、热词出来时，都会在自媒体平台上广泛传播。比如，"小哥哥/小姐姐""C 位出道""真香"等词都在网络平台上有过一段热潮。如图 7-5 所示为热词"真香"有关的微信公众号内容。

图 7-5 运用热词"真香"的公众号文章

那么,这些热词是怎么来的呢?运营者可以关注百度热词,即百度搜索风云榜里的词。通常这一类词都是人们搜索最多的、最具有时代效应的,而且热词每个月都会进行更新和评比,排名越靠前代表搜索的热度越高。

那么,如何利用百度热词进行引流呢?首先在电脑上打开"百度风云榜",寻找热门关键词。从实时热点、排行榜上,我们可以看到有哪些热点和关键词。热词就是指搜索频率多的词语,然后运营者可以结合"热词"发软文进行推广和引流,具体过程如图 7-6 所示。

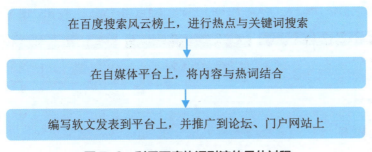

图 7-6 利用百度热词引流的具体过程

7.2.3 三号合一加大吸粉可能性

对于运营者来说,在微信这一运营平台上,导入手机通讯录还只是一种比较粗浅的方法。而要想通过微信与其他平台的连接来更好地实现运营目标,保证微信账号和手机号、QQ 号三号合一是非常有必要的。这样的话,别人通过手机号就能添加到微信和 QQ,并且账号看上去很简单,没有一串英文加数字加符号那样的烦琐,让人一看见就有想要添加的欲望。不过有一点要注意,在 2016 年下半年才注册 QQ 的用户,现在是没办法绑定微信的。将微信号绑定手机号和 QQ 号的方法如下。

步骤 01 如图 7-7 所示,❶点击微信个人界面的"设置"按钮,❷选择"账号与安全"按钮,进入"账号与安全"界面,❸选择"手机号"选项,即可绑定手机号。

图 7-7 绑定手机号

步骤 02 如图 7-8 所示,❶选择"账号与安全"界面里的"更多安全设置"选项,进入"更多安全设置"界面,❷点击"QQ 号"一栏,会弹出"开始绑定"按钮,点击之后依次输入 QQ 号和 QQ 密码,❸点击"完成"按钮,便可完成绑定。

图 7-8 绑定 QQ 号

将 QQ 号和手机号绑定之后，微信账号就能实现三号合一，只要通讯录里面有这个手机号的用户，都可以从微信"新的朋友"界面中看到账号信息，从而增大被添加好友的可能性。

7.2.4 小程序实用功能快速涨粉

小程序一般是与微信公众号关联在一起的。因此，运营好小程序，有利于吸引用户关注公众号。下面介绍几种运营小程序的方法。

1. 提供特定场景

在运营小程序和利用小程序引流的过程中，注重其实用性是关键。而要想清楚地说明其实用性，那么，就要为用户提供特定的使用场景，并设置条件让用户使用小程序，从而完成初步引流。更重要的是，在设置使用场景时，必须让用户在使用时是方便快捷的，这样才能让这一行为变成一种习惯，从而有效地增加用户的使用率。

2. 融入潮流元素

时刻关注市场趋势，可以了解其他运营者是如何提升用户体验的，进而改善和提高自身小程序的吸引力。分析流行的产品特色，重点是保持小程序的创新力度，第一时间了解所在领域的流行趋势。

打造用户体验的方法不计其数，但有的运营者仅仅关注小程序本身，或者是小程序的相关服务，而忘记从市场其他自媒体营销号中吸取经验。很显然，这种借鉴、参考的方法力度是不够的。

那么，运营者在打造用户体验的过程中，具体应该怎样根据市场潮流趋势增加小程序的新鲜体验呢？笔者觉得运营者不妨先认真观察市场的潮流走向，然后把自身的经营方法与别人对比，最后再总结经验教训，为己所用。

专家提醒

根据市场趋势适时调整小程序，通过潮流元素的增加，让用户获得新鲜感的体验本身是可取的。但运营者也要注意保持小程序自身的品牌初衷和主要宗旨，而不能盲目跟风、随意改变。

3. 积极利用创意

创意是任何小程序都需要具备的特质，而用户体验的打造也少不了创意这一要素。创意带给用户的远远不只是乐趣，更是理性与感性的双重洗礼。

以购物类小程序为例，运营者要想为消费者提供至尊的购物体验，就需要从广告宣传、产品包装、产品销售、产品服务的创意上下功夫。只有这样才能带给用户与众不同的购物体验，而且还能给用户留下独特的印象，使其经久不忘。

那么，要怎样通过创意来增加用户的体验感受呢？笔者认为，运营者需要把握好4个要点。

第一，信息必须真实：运营者要想借助创意来塑造用户体验，最基本的前提就是保证信息的准确性和真实性。如果采用虚假的产品和个人信息进行宣传和推广，就是对自己品牌的亵渎，对用户的不负责任，这是万万不可取的。

第二，多方进行传播：运营者可以通过微信、微博、博客、论坛等平台多渠道对创意进行传播。把创意体验与平台的多样性结合起来，这样不仅能让小程序的创意得到推广，还能让用户在使用小程序之前就对小程序产生认同感。

第三，契合用户需求：运营者要充分认识到，无论为体验加入什么元素，都要坚持一个原则，那就是为用户考虑。运营者可以在创意制定之前先对市场进行调查分析，然后精确地掌握利益需求，最后把创意与用户的利益结合，为用户打造具有创意的体验。

第四，围绕主旨打造：在用创意进行运营推广时，运营者必须坚持自己的主要宗旨不动摇，只有这样，才能一鼓作气地快速达成原定营销目标。因此，创意体验的主题也不能随意变化，必须围绕主旨进行。

7.2.5　以号养号形成汇聚

所谓的以号养号，就是采用微信、微博、QQ等个人小号来吸引用户，等积累到一定的数量，就转化为自身主要平台账号，或者转发有诱惑力的软文诱导粉丝主动关注。在此以微信小号为例，介绍这种用小号加粉方式的策略，有以下几个方法。

- 设置个性的头像和签名，吸引用户关注。
- 利用微信"扫一扫"功能来主动加好友。
- 通过打开"附近的人"功能添加好友。
- 利用用户好奇心和"摇一摇"让用户关注。

7.2.6　大号互推双赢吸粉

可通过一些爆款大号互推的方法，即账号与账号之间进行互推，来实现双赢吸粉。例如，在微信公众平台上，相信大家会时不时地见到某一个公众号专门写一篇文章给一个或者几个微信公众号进行推广，这种推广就算得上是公众号互推。这两个或者多个公众号之间，其运营者可能是认识的朋友，双方约定有偿或者无偿给对方进行公众号推广。

其实，除了微信公众号以外，在其他一些平台也是如此。运营者在采用互推吸粉引流的时候，需要注意一点：找的互推账号类型，尽量不要与自己属于同一个类型，因为这样运营者之间会存在一定的竞争关系。

两个互推的账号之间尽量以存在互补性为最好。举个例子，若你的账号是推送主营健身用品的，那么在选择互推账号时，就应该先考虑找那些推送瑜伽教程的账号，这样获得的粉丝才是有价值的。账号之间互推是一种快速涨粉的方法，它能够帮助运营者在短时间内获得大量的粉丝，效果十分可观。

7.2.7 @微博大V吸引同行关注

微博是一种将信息以裂变的方式传播出去的平台。在这样一个平台上，利用@工具进行主动引流也是一个不错的方式。在微博上利用@工具进行主动引流，主要是主动@微博的大V或者精准的账号。

在微信里面，如果你想找到一个同行的达人，可能会存在难度，但是在微博里就很容易实现。比如，你是做化妆教程的自媒体人，那么你可以在微博上搜索一些化妆达人博主的微博，可以是时尚达人，也可以是化妆师等。

然后，你不仅可以主动发微博并@这些化妆品行业的大V，还可以与他们的粉丝进行互动并引流。其原因就在于他们的粉丝对于做化妆教程的自媒体人，也算是精准的受众群体了。

如果有机会的话，还能与这些微博大V达成合作。他们在微博资料里也有放入合作微信、QQ的，完全可以直接加微信进行合作沟通。而且这些大V大多都有自己的个人微信或者微信公众平台以及其他一些主流平台账号。通过微博也能更快地找到合适的资源，实现精准受众的引流。

7.2.8 关联账号：实体店+二维码

在平台的用户拉新运营中，其中比较重要的一步就是通过各种途径实现与账号的关联，如上面的三号合一、@微博大V和大号互推等。然而，除了这些方法和技巧外，还有其他一些有效地利用自身平台来关联账号的方法，如在实体店场合拉新和在名片中植入二维码拉新等，下面将做简单介绍。

1. 在实体店场合拉新

在实体店场合，要想把陌生用户变为长期关注用户，设置会员和加微信是两种比较好的方法。其中，微信明显更具优势：首先，微信已经作为一种重要的支付形式而存在，很多人会选择微信支付，这样就为引流用户提供了条件。而在后期维护中，相较于仅有电话号码的会员信息，微信能把信息送达每一个关注的用户。

因此，针对具有实体店的自媒体人来说，微信最大的好处是能够把陌生客户作为资源。利用实体店为自身平台引流，是一个非常实用的方法。实体店是一种很好的增粉渠道，想做自媒体运营和营销的人，一定要好好利用这个资源。因为当你和粉丝面对面交流的时候，是最能卸除他的防备之心的时候。有实体店的自媒体运营者，更能增加顾客的亲切度和信任度，同时实体店还能方便顾客随来随加。

实体店拉新的具体方法有两个：第一，和顾客沟通交流，让他们添加自身账号（如微信公众号）；第二，用送礼物或者办会员卡的方式，让客户关注自身账号。

2. 植入二维码拉新

在用户拉新中，二维码也发挥着越来越重要的作用。其实，在利用二维码拉新中，不仅可以线上扫二维码或长按二维码关注，还可以通过线上和线下名片上的二维码来引导用户关注。

7.2.9 等值资源下获取用户

相对于电视广告来说，换量推广明显更便宜；相对于内容、活动等推广方式来说，换量推广明显更简单，不用花费太大的工夫。因此，当自身没有合适的推广渠道而又急需用户时，可以采用换量推广的方式。

换量推广中的"量"，一般是指等值的资源，运营者可以选择与不同的对象以不同的方式进行换量推广，具体有以下5个方面。

- 利用原创、优质内容合作。
- 利用全屏或半屏广告展示。
- 利用各式弹窗来进行推广。
- 利用有视觉吸引力的焦点图。
- 巧妙利用应用内的推荐板块。

当然，换量推广中的"量"的种类并不是一样的。也就是说，其中所包含的等值的资源表现为多种形式，既有品牌资源，也有流量，且其中的流量也有差异，可以是通过自身运营获得的流量，也可以是通过换量而来的流量。

7.2.10 邀请式吸粉保障成功

在用户运营过程中，当积累了一定数量的忠实用户后，利用老用户来拉新是一种低成本的获取用户的方式。它主要包括两种形式，一是利用奖励机制让用户邀请新用户关注账号；二是利用奖励机制让用户分享平台账号推送的信息给周围的朋友。在此就以利用奖励机制让用户邀请新用户关注平台账号为例介绍老带新的拉新方式。在邀请式老带新中，一般的规则是：当老用户（推荐人）邀请新用户（被推荐人）关注或消费时，每带来1个新用户就可以获得一定的奖励。

此时的奖励根据平台的不同而不同。从种类上来说，既可以是实物奖品，也可以是现金券，抑或是其他一些能让人获利的事物；从对象上来说，有时不仅老用户有奖励，被邀请到的新用户同样也有奖励。这样，就为成功拉新提供了更好的保障。

如图 7-9 所示，这两个公众号的运营者就是利用了邀请式吸粉的方法做推广。

图 7-9　邀请式吸粉的公众号内容

7.2.11　分享式吸粉精准锁定用户

相较于邀请式老带新来说，分享式老带新这一方式运用得可能更多，但在拉新效果上却是不及邀请式老带新的。因为老用户邀请了，就包括了引导动作的话语在内。然而对分享而言，仅仅只是看到了认可的内容就分享给新用户，此时对新用户来说，无非表现为两种反应。

第一，被分享的人可能只是看一眼就忽略过去了，没有给予过多的关注。此时被分享的人没有被被分享的信息调动足够的兴趣，因而是不会加入关注者或消费者的行列的。此时被分享的人还只是这一个身份，而不能成为平台账号的新用户。

第二，被分享的人对分享的信息，或是基于兴趣，或是基于利益，或是在有一定兴趣的基础上基于对分享者的信任，而点击关注了分享的信息，成功地成为平台账户的新用户。

因此，在分享式老带新中，其奖励机制的设置包括两种情况：一种是以老用户分享之后转化过来的人作为判断奖励的依据；另一种是老用户分享了并有截图证明就有奖，如图 7-10 所示。

图 7-10　分享式吸粉的公众号内容

7.3　提升用户活跃度推进发展

运营者在进行宣传推广后，吸引了一部分粉丝，但是却因为未学习到技巧而留不住粉丝，或者有些粉丝仅关注后就再没有后续了。这样的情况非常不利于平台的发展，运营者应该怎么做呢？本章从粉丝促活两个方面详细介绍其解决办法。

7.3.1　差异化、精准化的运营

在运营过程中，经常听人说起差异化、精准化，仿佛放在哪里都是适用的，其实也是如此，它们是成功留住用户的两个主要原则。对用户来说，他们首先是具有差异化的个体，不管是个人爱好，还是个人属性，都是不同的，而运营者要留住用户，让用户对自己产生认同感和归属感，就应该以差异化、个性化的产品和内容为运营主旨，让用户觉得你对他们是用了心的、是重视的，这样不仅有利于用户的留存，还有利于后续营销的实现。

在对用户不同的爱好、属性有了解的情况下进行的运营工作，不仅是差异化的，同时也是精准化的。而差异化和精准化的运营需要做到以下 3 点。

- 及时——急他们之所急。
- 周到——想他们之所需。

- 暖心——荐他们之所喜。

做到这3点，让用户享受到不一般的运营推送成果，带给运营者的回报同样也是可喜的。就拿淘宝头条来说，这一平台就将软文分成了不同的类型，运营者在发布文章时也会更有针对性，这样，用户能从中更快速地找到自己所需要的软文推荐，无疑是能更快地引导用户关注的。如图7-11所示，为"淘宝头条"的软文分类。

图7-11 "淘宝头条"的差异化、精准化文章分类

7.3.2 让用户快速地熟悉账号内容

在具体的用户留存运营中，对一些新用户来说，他们是首次使用推荐的产品和关注账号内容，还不是特别了解。此时，如何让用户更快地熟悉起来，更快地进入用户的角色，就成了决定用户留存的主要原因之一。

只有做好了新用户的引导工作，才能让用户对产品以及内容产生兴趣，从而愿意继续关注内容和体验产品。此时，我们对用户引导的设置工作，可以从多个方面来完成，下面举例介绍。

例如，在资料页上，要想做好用户引导，就需要在功能介绍上体现自媒体账号的亮点内容，这有利于为用户提供认识基础。

如图7-12所示，为"黄生看金融"公众号的资料页界面。首先从名字上就能对该公众号有简单的了解，这点自媒体运营者也可以借鉴，将账号的名字与推送内容联系起来，让用户一目了然知道公众号的内容。

其次在欢迎页面上，如图7-13所示，运营者为留住用户做出了努力，具体如下。

❶ 对推送的其他平台文章进行链接设置，点击进去后，可以进一步了解。

❷ "自定义菜单"设置，有利于用户有针对性地进入平台和阅读相关内容。

图7-12　公众号资料页面

图7-13　公众号欢迎页面

7.3.3　针对性地解决用户问题

在笔者看来，有针对性地解决用户的痛点需求，可以从两个方面来进行，即从用户的需求出发解决问题和专攻一点解决用户痛点问题，下面将具体分析。

1. 了解用户需求

在运营者更清楚地了解用户需求的情况下，有针对性地解决用户提出的关于平台的不同问题，对于留住用户、减少用户的流失率有很大的作用，体现在两个方面。

第一，从用户需求出发解决问题，可以改善那些感觉不如意的用户体验，从而极大地提升用户对平台的好感度。

第二，从用户需求出发还可以让用户感受到平台对其的关注和重视，从而提升用户的参与度和关注度。

2. 专攻一点解决问题

古语有云："兵在精而不在多。"其实，不仅在军事领域如此，它同样适用于互联网时代的运营工作。任何平台的运营者，假如追求的是全面，那无非是可以吸引很多用户的，但是这需要耗费巨大的人力、财力，且在追求全面的过程中，可能一不留心，就会出现知识性方面的错误，让用户产生不信任的心理，往往得不偿失。

因此，对于运营工作来说，我们选择的方向不是全面而是专攻一点，试图在某一点上做到极致，从某一极致的点上针对特定用户人群，解决他们的痛点需求，那么，这些有着明确指向的用户人群将会成为你平台的忠实粉丝。

基于此，运营者想更有效地留住更多用户，就需要在平台功能或内容上设置得简单一些，专门从某一角度有针对性地解决用户痛点问题，这不失为一种好的运营技巧。

7.3.4 用内容形成品牌效应增强黏性

品牌黏性的增强重点在于优质内容的运营。当自媒体人能够为用户提供优质内容时，用户会主动向周围人宣传，这样一来，用户的社交圈便能为运营者所用了。

通过内容形成的品牌效应去增强用户黏性需要一个过程，运营者在此过程中，不仅要不断创新和完善自己的内容，还应通过社交营销使其影响力进一步加大。具体有以下3个实施步骤。

第一，做好内容定位。品牌效应的初始阶段是整个内容供应链的初始时期，在此过程中，运营者最主要的任务就是通过各种方式了解目标用户需求，也就是平台得做好内容定位，如内容从哪来、内容到哪去、内容的关键方向以及自媒体账号的功能和内容版块设置等。

第二，甄选优质内容。在自媒体账号的内容运营过程中，运营者主要要做的就是内容质量的甄别，通过优质内容打造和社交宣传，逐步建立品牌效应。展示内容属于整个运营阶段的一部分，而要展示用户真正需要的内容，就要先探知用户的需求。

第三，积极进行互动。利用社交媒介与用户积极互动，更有利于内容和品牌的传播，也更能增加用户的信任度和支持度。在与用户进行社交互动时，运营者需要把握4个关键点，即根据自身特点进行运作、固定时间发布内容、与受众时刻互动和尽量推广原创内容。

7.3.5 把握用户趋利性制定优惠

人都是趋利的，运营者如此，受众也是如此。所以，如果一个自媒体账号能够给予受众一定的福利，让用户觉得关注平台是值得的，那么用户自然愿意留下来。

为此，运营者要适当采取"以小舍换大得"的策略，以向受众赠送一些福利为噱头，通过社交媒介和受众自行进行宣传，从而获得更多的流量和更大的影响力。

比如公众号"周公子爱读书"就经常会在推送软文后送上福利，因为这个公众号的内容与古诗词图书有关，所以运营者的福利通常也是送书，如图 7-14 所示。

图 7-14　"周公子爱读书"的福利

7.3.6　及时沟通处理留言问题

作为一个自媒体人，当账号或小程序的留言区出现了不好的留言，运营者一定不能"玻璃心"，而要及时解决，从这一方面来看，运营者主要应注意两个方面的问题。

第一，把握解决的时效性，运营者应该在最短的时间内获取最新的批评性留言，并第一时间根据留言内容决定是否要与对方进行沟通，如果是推送产品的小程序里有差评留言，也要在第一时间与对方进行沟通。

第二，在回复小程序的差评留言时，要选择恰当的回复时间，应该根据用户的基本信息推测其作息时间，然后选择合适的时间沟通，这样能减少用户的抗拒心理。对评论进行修改时，也最好选择用户有闲暇的时候，不然就算对方答应了修改，过后也很容易忘记。

同时，要保证沟通顺利进行，运营者在沟通之前还应该注意两个问题，那就是找出中差评的原因和合适的联系方式，具体内容如下。

1. 找出批评性留言出现的原因

当内容留言中出现批评性留言后，运营者第一时间要做的是从自身找出对方这样留言的原因，这样才能从源头上解决问题。

2. 选择合适方式及时沟通

运营者需要选择一种合适的联系方式与对方进行沟通，如 QQ、微信、邮件和短信等，来解决差评留言问题。

7.3.7 积极观察用户的感受

数量众多的用户，对于运营者的看法也不可能是完全一样的。正是这种体验决定了他们对平台账号的观感，也决定了有多少用户愿意继续留在平台上。而从客观上来说，运营者推送的内容也不可能十全十美，总是存在让用户感觉欠缺的地方，只有不断进步，减少这种让用户不如意的感受，才能有效减少用户流失，留住用户。

那么，在具体的过程中，面对客观可能存在的问题和用户主观的不完美体验，运营者要做的就是去收集用户的评价，从而区分出哪些地方在运营上是做得好的，哪些又是需要改进的，把这些资料和信息收集整理出来，才是解决问题的前提条件。

第 8 章
自变现：17 个方法实现粉丝商业变现

学前提示　获得收益是每个自媒体运营者的最终目的，因此掌握一定的盈利方法是每个运营者必不可少的。本章将为大家介绍公众平台的盈利方法，并帮助运营者掌握最终获利的技巧。

要点展示

- 主流盈利方法
- 特色盈利方法

8.1 主流盈利方法

获得收益是每一个运营者的最终目的，也是运营者付出辛苦汗水应该得到的回报，接下来介绍微信运营者的 9 大主流盈利方法，帮助大家能够收获自己的成果。

8.1.1 效果可观的软文广告

软文广告是指自媒体运营者在微信公众平台或者其他平台上以在文章中软性植入广告的形式推送文章。文章中软性植入广告是指文章里不会介绍产品，直白地夸产品有多好的使用效果，而是选择将产品渗入到文章情节中去，在无声无息中将产品的信息传递给消费者，从而使消费者能够更容易接受该产品。

软文广告形式是自媒体运营者使用的比较多的盈利方式，同时其获得的效果也是非常可观的。如图 8-1 所示，是"手机摄影构图大全"公众号的创始人——构图君，在公众号推送的一篇关于摄影的软文广告，通过该篇文章，引导读者学习构图摄影教程，效果可观。

图 8-1 手机摄影构图大全的软文广告

专家提醒

软文在文学修辞上，应该做到尽量婉转，以免语气过于强硬，引发用户不愿被人支配的心理，从而使得用户产生反感，得不偿失。

8.1.2 直接盈利的流量广告

流量主功能是腾讯为微信公众号量身定做的一个展示推广服务，主要是指微信公众号的管理者将微信公众号中指定的位置拿出来给广告主打广告，然后收取费用的一种推广服务。

想要做流量广告，自媒体运营者就要首先开通流量主，流量主在哪里开通呢？微信公众运营者打开微信公众平台，看到微信公众号后台的左边"推广"｜"流量主"一栏，运营者单击"流量主"按钮，如图8-2所示。

图 8-2 单击"流量主"按钮

这时就能进入开通页面，如图8-3所示。

图 8-3 开通流量主页面

运营者单击"申请开通"按钮，就能进入开通页面，如果没有达到相关的要求，就不能开通流量主功能，平台会跳出"温馨提示"对话框，如图8-4所示。

对于想要通过流量广告进行盈利的运营者而言，首先要做的就是把自己的用户关注量提上去，只有把用户关注量提上去了，才能开通流量主功能，进行盈利。关于关闭流量主、屏蔽流量主广告、流量主广告展示位有5个方面的说明。

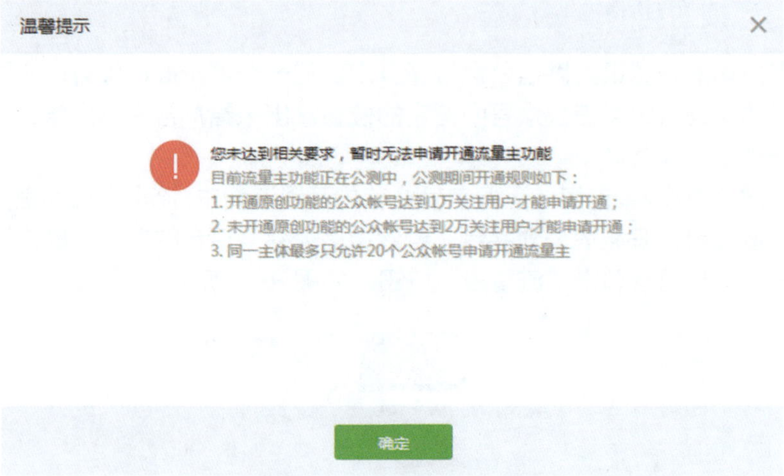

图 8-4　"温馨提示"对话框

第一，在"流量主"｜"流量管理"页面关闭流量开关，需要注意的是关闭后要 24 小时后才能重新打开。

第二，在"流量主"｜"流量管理"页面中，设置广告主黑名单，屏蔽广告，这样广告就不会出现在流量主的公众号中。

第三，通常流量主的广告展示位置在全文的底部。

第四，广告展示形式多半以文字链接为主。

第五，广告推广页面以图文页面＋推广公众号横幅的形式展示出来。

8.1.3　利用微信公众平台招代理

传统的微商招代理，通常是通过微信朋友圈或者微信群，但其实利用微信公众平台也可以招代理，微商招代理是一种比较"反常规"的商业模式，为什么说它"反常规"？因为微商招代理既能够让代理交钱，还能够让代理专注地为公司做事。通常，微商招代理入门都要交纳一定的入门费用，其实这笔费用并不是无偿的，通常来说，代理交纳费用后，公司会为代理提供相应的产品、培训以及操作方法。

8.1.4　付费订阅找出忠实粉丝

付费阅读也是运营者用来获取盈利的一种方式，它是指运营者在公众号上推送一篇文章，订阅者需要支付一定的费用才能够阅读该文章或订阅某个课程。付费阅读，同付费会员有一个共同之处，就是能够找出平台的忠实粉丝。如图 8-5 所示，为"罗辑思维"公众号推送的订阅课程文章。

图 8-5 "罗辑思维"推送的付费课程

但需要注意的是,运营者如果要实施付费订阅的话,那么就必须要确保推送的文章或课程有价值,不然就会失去粉丝的信任。

8.1.5 开通点赞打赏功能

为了鼓励优质的微信公众号内容,微信公众平台推出了"赞赏"功能。由于还在公测期间,因此只有部分公众号能够开通"赞赏"功能。开通"赞赏"功能的微信公众号必须满足 3 个条件。

- 必须开通原创声明功能。
- 除个人类型的微信公众号,其他的必须开通微信认证。
- 除个人类型的微信公众号,其他的必须开通微信支付。

运营者想要让自己的微信公众号开通这一功能,就需要经历两个阶段。

- 第一个阶段是坚持一段时间的原创后,等到微信公众平台发出原创声明功能的邀请,就可以在后台申请开通原创声明功能了。
- 第二个阶段是在开通原创声明功能后,继续坚持一段时间的原创,等待微信后台发布赞赏功能的邀请,就可以申请开通赞赏功能了。

运营者如果符合开通要求,那么只需在赞赏功能开通页面,单击"开通"按钮,即可申请开通赞赏功能。如图 8-6 所示,为赞赏功能开通页面。

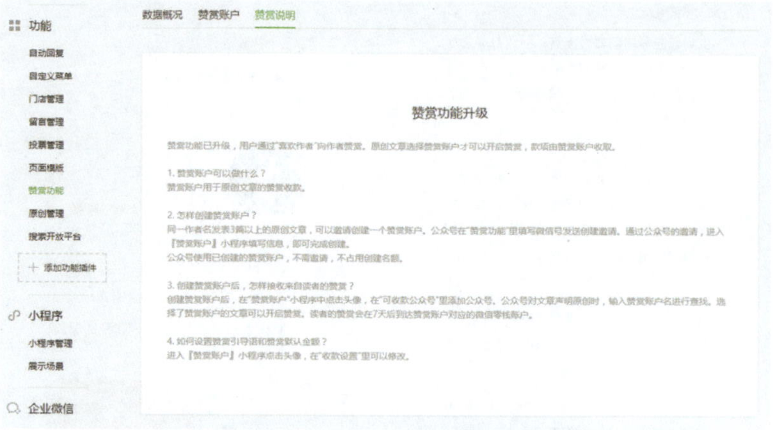

图 8-6 赞赏功能开通页面

8.1.6 添加增值插件链接

增值插件指的是运营者在公众平台上利用自定义菜单栏的功能添微店、淘宝店铺、天猫等可以购买产品的地址链接或者直接在文章内添加购买产品的链接，以此将引导粉丝进行产品购买的一种盈利方式。

但是，运营者要采用这种盈利方式的前提是，自己拥有微店、淘宝、天猫等店铺，或者是与其他商家达成了推广合作的共识，在自己公众号平台上给合作方提供一个链接地址，或者在推送的文章中插入合作方的链接。添加增值插件这种盈利方式，很多微信公众平台都有使用，如"凯叔讲故事""罗辑思维"等微信公众平台。

8.1.7 付费会员做高效互动

招收付费会员也是微信公众平台运营者变现的方法之一，最典型的例子就是罗辑思维微信公众号。罗辑思维推出的付费会员制有两个：5000个普通会员，200元/个；500个铁杆会员，1200元/个。而这个看似不可思议的会员收费制度，其名额却在半天就售罄了。

专家提醒

罗辑思维为什么能够做到这么牛的地步，主要是罗辑思维运用了社群思维来运营微信公众平台，将一部分属性相同的人聚集在一起，就是一股强大的力量。

罗辑思维在运营初期的任务也主要是积累粉丝，他们通过各种各样的方式来吸引用户，比如写作、开演讲、录视频、做播音。等粉丝达到了一定的量之后，罗辑思维便推出了招收收费会员制度，对于罗辑思维来说，招收会员其实是为了设置更高的门槛，留下忠诚度高的粉丝，形成纯度更高、效率更高的有效互动圈。

8.1.8 电商的微信平台盈利

买卖方式可以照搬到互联网上，在微信平台上也依然适用，而且相比传统模式，微信营销会更具有优势。微信平台的便捷化，也为运营公众号的自媒体人带来了不少与企业合作的机会，因为目前已经有不少电商巨头企业开始投入到微信公众平台营销的大潮中。如图8-7所示，为电商平台京东的微信公众号页面。

图 8-7 京东的公众号

8.1.9 开发专属 APP 引流

APP开发盈利是指运营者开发自己专属的APP，将平台的粉丝引到自己的APP上，从而获得盈利的一种方式。有的运营者也有自己专属的APP，如"凯叔讲故事"的APP等。这些自媒体人能够通过APP和公众平台相结合的方式，获得更多的关注度与收益。如图8-8所示，为"凯叔讲故事"APP主页以及公众号的展示。

图 8-8 "凯叔讲故事"的 APP 和公众号

8.2 特色盈利方法

运营微信公众号,其实是一件耗费时间与精力的事情,但为什么还会有那么多人加入公众号运营这个队伍呢?因为它隐藏着巨大潜力,有利润,所以才会让那么多运营者试图在众多竞争者中为自己开辟一条赚钱的新道路。自媒体运营者想要利用微信公众平台赚钱,就必须了解最基本的微信公众平台的盈利方法。因此本节笔者将为大家介绍微信公众平台的 8 大特色盈利方法。

8.2.1 出版图书获得收益

图书出版盈利法,主要是指经营公众号的自媒体人在某一领域或行业经过一段时间的经营,拥有了一定的影响力或者有一定经验之后,将自己的经验进行总结后,进行图书出版,以此获得收益的盈利模式。

不少自媒体人都会采用出版图书这种方式去获得盈利,只要运营者本身有基础与实力,那么收益还是很乐观的,例如公众号"手机摄影构图大全""凯叔讲故事"等都有采取这种方式去获得盈利,效果也比较可观,如图 8-9 所示。

图 8-9 出版图书获得盈利的自媒体

专家提醒

运营者如果想要出版图书的话，首先需要与出版社取得联系和沟通。在选择出版社的时候，要根据自己出版图书的类型选择合适的出版社或者责任编辑。

8.2.2 微信代理运营盈利

一些企业想要尝试新的营销方式，这又给了想要创业的自媒体运营者一个机会。有些微信公众账号已经在营销上小有成就，掌握了一定的经验和资金，这些账号开始另找财路，帮助一些品牌代运营微信。现在有很多粉丝过百万的独立账号，这些账号的粉丝基本上是通过微信代运营这一模式，依靠以前在微博上积累的用户转化过来的。

8.2.3 冠名赞助实现共赢

冠名赞助指的是运营者在公众号平台上策划一些有吸引力的活动，并设置相应的活动赞助环节，以此来吸引一些广告主的赞助，这种方式让运营者在获得一定收益的同时还能提高粉丝对活动的关注度，同时也能够为赞助商带去一定的话题量，是一种共赢模式。

8.2.4 举办线下活动创收

对于拥有一定数量的粉丝，同时是本地类的微信公众号而言，可以通过线下活动的形式进行盈利，具体做法如图 8-10 所示。

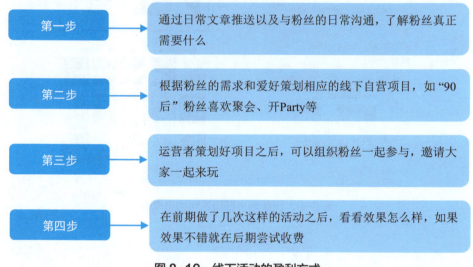

图 8-10　线下活动的盈利方式

8.2.5 在线培训知识获利

线上培训是一种非常有特色的、可以用来获得盈利的方式，也是一种效果比较可观的吸金方式。运营者要开展线上培训的话，首先得在某一领域比较有实力和影响力，这样才能确保教给付费者的东西是有价值的。

采用线上培训这种盈利方式的公众号中，做得不错的微信公众号有"四六级考虫"。"四六级考虫"是一个为想学习英语的群体提供教学培训的公众号，它有自己的官方网站和手机 APP。

粉丝可以在公众平台及其官网上了解教学培训课程的相关内容以及订阅课程，然后在官网或者手机 APP 上进行线上学习。"四六级考虫"公众号上的课程分为收费和免费两种，不同的课程价格也不一样。如图 8-11 所示为该公众平台上限量免费和收费的课程。

图 8-11 "四六级考虫"的培训课程

8.2.6 借助网站推广引流

网站推广指的是运营者借助网络上一些比较主流的推广网站去获得流量，为公众号引入更多的粉丝，从而达到盈利目的的一种方式。前面的章节中笔者已经介绍了很多可以用来引流的网站及引流的方法，这里就不再赘述了。

8.2.7 智能推荐引导关注

虽然腾讯已经正式对外表态，微信不会收取费用，但是随着微信的火热发展，通过微信搜索实现排名收费也是大有可能的趋势。运营者可以通过微信搜索功能，根据关键词的设置，引导用户关注，还可以通过用户之间的聊天信息提供智能的推荐，这一点能够引起无限的想象。

举个例子来说，如果用户之间在讨论周末去哪个地方旅游，可能一时之间没有好的选择，就会来搜索关键词，这时候运营者如果有这类"周边旅游景点"的文章，用户点击，然后运营者就可以为用户提供周边旅游景点信息，并且还可以提供旅游景点打折优惠信息等，这就为周边旅游业引导了流量，而这些周边旅游业付给运营者一些相应的报酬即可。

8.2.8 提供数据报告获利

数据支持指的是运营者专门给有需求的广告主提供相关的数据报告，从而获得一定收益的一种盈利方式。

数据支持获得收益的方式并不是每一个公众号都可以进行的,它对公众号的能力要求比较高,它是那些有丰富经营和一定分析能力的运营者才能做到的。如"新媒体排行榜""爱微帮"等公众平台就是可以查到数据的,运营者可以去截取这些数据,然后结合自己的理解作出分析,将分析好的内容提供给有需求的广告主。

如图 8-12 所示,是"爱微帮"平台首页可进行的数据查询。

图 8-12　"爱微帮"首页

第 9 章
自风格：9 个方面打造最佳自媒体形象

学前提示

风格是一种标签，能够展现出自己独特的姿态，有效地达到吸引他人眼球的作用；风格也是一种态度，能无声地表达出自己的立场，获得他人信任。本章主要向读者介绍如何学好风格定位这门必修课，并利用自身风格打造出招牌和为品牌奠基。

要点展示

- 风格定位是自媒体发展的必修课
- 风格是自媒体最醒目的招牌
- 风格是自媒体品牌的无形资产

9.1 风格定位是自媒体发展的必修课

风格定位在经营自媒体的最初就是一项硬性要求，目的是准确定位自己的目标客户群，定位自己的写作内容和范围。本节将带读者重温自媒体的风格定位，并详细介绍自媒体风格定位的要求和如何打造自媒体的风格标签，保证自媒体发展的方向。

9.1.1 风格是自媒体的标签

从外在表现形式上来说，风格就好比是一件外衣，能够给人十分鲜明的第一印象，第一眼就能吸引到目标受众的关注。从外在形式入手，是打造自媒体风格标签的第一步。在表现形式上，打造自媒体风格标签有两个作用。

第一，给用户一个好的第一印象，从而形成对用户的吸引，让用户产生好感。

第二，对用户产生吸引力，从而吸引用户点击、关注自己。

专家提醒

第一印象的好坏在人的大脑中形成的信息，可以直接影响到对方之后的行为反应，甚至无法通过之后的努力实现逆转，所以第一印象打造的成败至关重要，尤其在这个人人心气都有点浮躁的社会，只愿意对第一眼感兴趣的东西多看几分钟。因此，在经营自媒体的时候，无论文章内容有多么才华横溢、高端大气，只要形式上让人不满意，就会被定义为低端，之后就更没有兴趣打开看了。

从内在品质和内容上来说，风格就是一种态度和一种立场，能表现出自媒体经营者的文化品位和风度修养。当读者被自媒体内容中表现出来的智慧和风度所吸引的时候，就真正自媒体经营者成为精神上的朋友。从内在品质和内容入手，是打造自媒体风格标签的第二步，也是升华的一步。在品质内容上打造自媒体风格标签的作用有以下两个。

第一，让粉丝产生共鸣，进而获得粉丝的信任和肯定。

第二，对粉丝形成内在吸引，进而获得粉丝的持续关注和支持。

专家提醒

自媒体经营者打造自己账号的时候，最好的状态是像女人重视自己的外貌一样，要为粉丝悦而容，之前网络上流行一句话说，"男人看女人都是先看容貌后看思想"，这句话说出了表现形式的重要性，但还有后半句，"思想决定容貌加分还是减分"，又说明人们对思

> 想的追求是重于容貌的。"思想的形成是一段长时间的积累",形式上的修饰只需要短时间的学习,所以不要把在形式学习上花的功夫比在思想文化积累上花的功夫还要多,形式只是一块踏脚石,内容才是王道。

9.1.2 风格是自媒体的方向

方向感的把握决定着自媒体的经营能否到达成功的彼岸,也决定着自媒体经营者能否在市场压力中始终坚持自己的目标,坚定自己的原则,做有态度、有立场、有自我、有追求的自媒体。综合所有的考虑,得出的结论是,风格就是自媒体的方向。为什么风格是自媒体的方向?主要有以下两个原因。

第一,自媒体人坚持自己的风格,保证做有品质、有个性、有正能量的自媒体,形成健康的市场竞争。

第二,风格可以让自媒体人坚定原则,做坚持内容原创、坚定自我态度、坚定自我立场以及坚定价值追求的自媒体,形成健康的发展方向。

专家提醒

> 自媒体市场最开始秩序混乱的一大原因就是内容原创能力后继无力,抄袭泛滥,然而抄袭的一大原因可以看作是个人风格意识不强,没有自己强烈的个性意识、品质意识和坚定的自我态度、自我价值追求,因此不能在市场竞争中坚持健康竞争原则和明确的发展方向。

9.2 风格是自媒体最醒目的招牌

风格是原则的表现,风格是态度的表现,风格是价值追求的表现,粉丝们从来都不会追随没有自我风格只会跟风的自媒体,有风格的自媒体最容易得到用户的肯定和支持,所以说风格是自媒体最醒目的招牌。本节就向读者介绍如何打造自媒体风格的个性、特色以及如何主动吸引目标受众。

9.2.1 打造自媒体的个性风格

自媒体的个性风格,其实就是一种自我话语能力,能够让读者在文章的字里行间读到一种有自我色彩的个性。想要打造自媒体个性风格,首先要修炼自我的话语能力,让自己的言论有个性色彩;其次要学会独立思考,让自己在发表见解时有独特的视角,且能够坚持自己的态度。

修炼自我话语能力是一件很重要的事，在刷微博和刷朋友圈的时候经常产生的情绪就是，看到有人经常发一些特别优美有格调的动态，就觉得这个人好有文采、好有个性、好有深度，充满了欣赏敬佩之情，之后再从别人的朋友圈里看到一模一样的，才发现都是从琼瑶、三毛、张爱玲、席慕蓉的书里抄过来的，顿时印象就来了个大反转，觉得这种人装、没才华、没主见，所以对于自媒体人来说，不要动不动满口名言金句，粉丝们是喜欢原创，喜欢个性的。

修炼自我话语能力也不是一件容易的事情，毕竟不是每一个人都能像琼瑶、三毛、张爱玲和席慕蓉那样，用细腻的感情或跌宕的人生经历融合成出色的文笔，但是可以把她们当作学习借鉴的模范来提升自我话语能力。向名人学习借鉴的方法具体有以下两个。

第一，长期坚持写作练习、坚持原创写作，长期学习文化知识。

第二，模仿名家写作用词，从名家经历中找经验，感悟名家情感精华。

专家提醒

自媒体的内容原创已经获得了版权保护，不论是从个人道德上还是从法律权限上，抄袭都是一件不光彩的事情，甚至要受到问责，但也不要把避免抄袭和侵权的神经绷得太紧，纵贯华夏上下五千年的文明发展，文化作品的精神都是一路沿袭再重新包装的，所以对前人优秀作品的借鉴、模仿是没有坏处的。

9.2.2 打造自媒体的特色风格

自媒体时代是一个众说纷纭的时代，每一个人都想表达点什么，实行自己的话语权，但争抢着实现话语权的人可能话语能力却不够，便使得自媒体上多了很多聒噪的鸡肋之言，甚至淹没了许多真正有内容、有态度的自媒体的声音，面对这样的境况，优秀的自媒体最应该做的就是冲出重围，高调让群众看到自己的特色。那么自媒体的特色风格该怎样打造呢？我们需要做到以下两点。

第一，要敢于高调表现自己，并且坚持正确的价值观。

第二，要敢于辩证，不畏惧舆论的攻击，打造特立独行的自媒体形象。

专家提醒

敢于高调、敢于宣扬自己的态度和价值观、敢于做正直而又特立独行的自媒体、必然能够在聒噪的舆论环境中脱颖而出，得到人们的欣赏，高调就是一种特色。

9.2.3 打造吸引受众目标的风格

前面曾提到经营者打造自媒体风格，是以准确定位内容，像磁石一样吸引受众目标关注，吸引受众目标关注是自媒体打造风格、个性与特色的始终目标。但前面说的内容定位，只是经营者打造自媒体风格的手段之一，现在要向读者介绍的是从内容到形式、从思想到气质全面化地打造成吸引受众目标的风格，如图9-1所示。

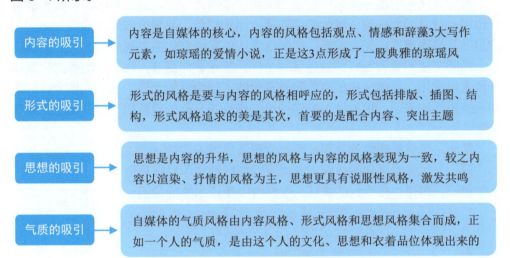

图9-1 打造吸引受众目标风格的方法

9.3 风格是自媒体品牌的无形资产

风格是一种态度、是一种个性、是一种价值观的体现，品牌是一种无形的资产，是一种信誉和利益的集合概念，品牌还是一种价值和文化的体现。之所以说风格是自媒体品牌的无形资产，是因为一个自媒体的经营首先需要向用户表明自媒体的态度，才能塑造在用户中的品牌信誉；只有让自媒体的价值观得到用户的承认，才能在操作经营中实现自媒体的品牌价值；只有让自媒体的个性变得丰满，才能形成自媒体的品牌文化。本节主要从品牌的文化、价值和精神3个方面讲述自媒体风格的重要性。

9.3.1 风格是自媒体品牌文化的表现

一个品牌背后最大的附加值就是它的品牌文化，不论是实体的大型企业还是互联网形式的自媒体，品牌文化是最能够获得用户价值认同和信任度好感度的，这也是为什么社会提倡增强文化软实力的原因，而品牌文化价值的要素有6个。

- 品牌功能。
- 品牌质量。
- 品牌价值。
- 品牌声望。
- 品牌美誉。
- 品牌名气。

品牌文化的价值分为用户价值和自我价值两大方面，品牌文化的 6 大价值要素也因此分立两大阵营，其中品牌功能、品牌质量、品牌价值形成品牌文化的用户价值，品牌声望、品牌美誉、品牌名气形成品牌文化的自我价值。

品牌文化的重要组成部分是品牌个性，又可称作品牌人格，即品牌文化就是一种人格文化，品牌文化的宣传需要充分的人格个性的表现，这种人格个性的表现就是风格的表现。那为什么说这种风格是品牌文化的重要组成部分呢？主要有 3 个原因。

第一，风格是态度的体现，而态度塑造品牌的信誉。

第二，风格是文化的体现，文化可以很好地塑造品牌声望。

第三，风格也是个性的体现，个性可以塑造品牌的价值。

专家提醒

　　一个人的文化素养影响着这个人的言行举止和处事风格，继而影响外界的人对这个人整体人格的印象和评价。由此可见，风格是人的文化素养的体现。那么同样，一个品牌的形象在人们心里，也是具有人格化以及个性化的，品牌的风格体现着品牌的文化内涵。

9.3.2　风格是自媒体品牌价值的体现

品牌的价值可分为两部分，即外部价值和内部价值。品牌的外部价值由市场的接受度决定；内部价值，由品牌文化对顾客的影响力决定。这两个部分价值具体表现为：第一，外部市场的接受度，能够决定自媒体品牌能否抢占市场份额，获得市场盈利；第二，内部的文化影响力能够帮助自媒体品牌塑造品牌形象，打造忠实粉丝。

品牌的外部价值由市场接受度决定，市场接受度的核心是用户，只有品牌得到用户的认可和支持，品牌才能够产生市场价值，真正获得实质的利益价值。经营品牌的外部价值能获得用户认可有 4 大要素。

- 品牌有足够时尚性。
- 品牌的创新度高。

- 品牌具有代表性。
- 品牌非常有实用性。

提到品牌的时尚性、创新性、代表性和实用性，似乎自媒体的经营和服装销售是一个道理，想要购买品牌服饰的人，几乎所有的人都会考虑这4大要素，并且不论是经营自媒体还是做服装销售，最终目的都是以品牌外部价值获得实际利益。下面就以消费者购买品牌服饰的心理分析，介绍品牌外部价值的4大要素，如图9-2所示。

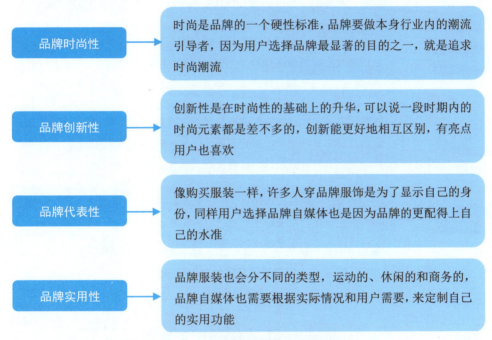

图9-2 品牌外部价值的4大要素分析

专家提醒

品牌价值的外部价值重在将品牌变现，获得实际的、直接的能够用于市场活动中周转和流通的利益价值，是带有经济目的的。所以，在实现品牌价值的外部价值的时候，要充分考察市场动向，考虑用户需求，时刻记得只有被市场高度接受的品牌才具有经济价值，只有被用户高度认可的品牌才具有市场价值。

品牌的内部价值由文化影响力决定，在这一点上同样可以用名牌服装的经营来举例，如香奈儿、迪奥、古驰、纪梵希等世界著名的奢侈服装品牌。作为享誉世界的奢侈品牌，有时候一条简单的丝巾价格都上万元，这样的奢侈品在市场上所占领的份额是不高的，但并不影响大众对这些品牌的认可度，这就要从这些品牌的文化影响力上进行解释了。下面对香奈儿、迪奥、古驰、纪梵希这些世界奢侈品牌的文化影响力做些介绍，如图9-3所示。

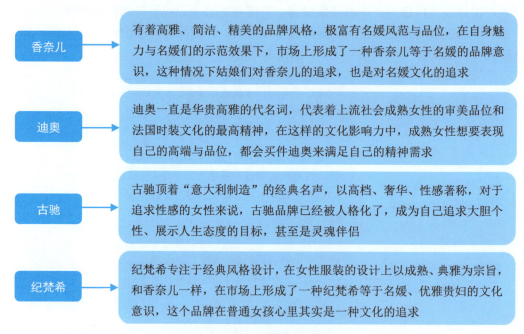

图9-3 世界奢侈品牌的文化影响力

专家提醒

品牌能给人一种身份的认同感，或高贵、或性感，在消费者心里形成一种价值和理念的追求，文化影响力能够塑造品牌形象、打造忠实粉丝，就像普通女孩们对以上奢侈品牌的追求。这个例子给品牌自媒体经营者的启示是，要注重品牌文化价值的渗透，把自媒体品牌树立出一种形象感和身份感。

品牌内部价值的打造，重在以品牌的文化影响力塑造形象、打造忠实粉丝。一般来说，打造品牌忠实粉丝有两种方法：第一，让品牌人格化、身份化；第二，重视品牌质量，提升品牌的影响力。

在品牌价值的内部价值打造中，不论是塑造品牌形象还是打造忠实粉丝，都需要非常好的品牌代言人。这里说的品牌代言人不是广告明星，而是品牌的针对人群，正如以上提到的那些世界奢侈品牌，真正吸引粉丝的不是服饰本身，而是穿这些衣服的名媛贵妇们,是这些人给了普通女孩们想象,也是这些人让品牌具有人格化和身份化。经营品牌自媒体也是一个道理,假如一个经济型的品牌自媒体,有李嘉诚、王健林、马云这样的粉丝,那么这个品牌的身份立马就提上来了,粉丝也会蜂拥而至。

9.3.3 风格是自媒体品牌精神的基石

品牌精神是指一个企业在长期发展过程中,从决策阶层到普通员工在共同工作中形成的一种工作信念和团队情感。品牌精神也是品牌文化的一种,品牌精神的本质是一种将事业人格化的企业个性,主要表现为企业决策者的事业信念、价值观念和经营宗旨。而品牌精神对员工的影响体现在4个方面。

第一,影响员工的竞争观念。
第二,影响员工的质量观念。
第三,影响员工的创新观念。
第四,影响员工的价值观念。

品牌的精神魅力同样能够以其个性色彩和思想色彩影响消费者,与对内部员工的理性化、条理化的影响不同,品牌的个性色彩和思想色彩对消费者的影响重在感性的吸引,因为品牌的文化理念、文化情感和文化象征能让消费者认同品牌的价值观念。

> **专家提醒**
>
> 风格是品牌精神的基石,企业的品牌精神,在内影响员工的工作态度和价值观念,在外影响消费者的消费情感和价值追求,都是以品牌的个性色彩和思想色彩为利器,而这种品牌精神的个性色彩和思想色彩其实就是风格的个性、价值与态度的升华,甚至可口可乐这种打着国家名义的品牌,可口可乐所宣扬的美国精神,其实就是美国人的个性、态度和价值观的影射,不论是人、企业还是国家,风格即精神基石。

不得不承认,能够成为世界驰名的卓越品牌,一定是有着深厚的文化内涵和价值影响力的品牌,能够在品牌当中凝结个性、理念、情感、象征和品位等综合文化因素,并且能够满足消费者情感和心理层面的需要,充分调动消费者的情感。例如,可口可乐的推广就充分体现了其年轻化、热情化的文化精神,如图9-4所示。

可口可乐之所以能够风靡世界,就在于这个品牌对"美国精神"和"美国文化"的利用,可口可乐利用美国文化与精神向世界推广的方法体现在两个方面。

图 9-4 可口可乐的广告宣传语

第一，可口可乐充分利用了美国的超级大国地位、美国国人的精神自豪以及世界人民对于美国精神的崇拜，来推广自己的品牌。

第二，由于美国国人对本国文化的认同和世界人民对于美国文化的学习，让学习美国文化得以强势输出，可口可乐也得以充分利用美国文化，来宣传自己的品牌。

最后还要强调的是，即使是世界霸权国家和世界驰名品牌，即使文化影响力和精神输出再强，在向世界市场做推广的时候，也要注意有针对性地差别对待，尊重差异才能求同存异维护和平，品牌在做世界推广的时候需要注意的差异情况，有以下几点。

- 内容差异。
- 方式差异。
- 价值差异。
- 历史差异。
- 传统差异。
- 地域差异。

专家提醒

关于地域差异和传统差异这两点必须要提一个例子，某世界知名的沐浴露品牌，善于以性感暴露的风格为产品做广告，但是由于没有注意到地域差异和传统差异的因素，在中东那样不允许女性裸露一点皮肤的地区，依旧使用性感暴露的广告为产品做推广，结果遭到中东地区人民的抵制、抗议甚至攻击。

第 10 章

自优质：18 个技巧打造 10W+ 爆款文

学前提示

在自媒体迅速发展的当下，各大行业也开始纷纷利用自媒体平台来提升自身的行业竞争力。

但在运营之前，自媒体人应该明白自己的主题内容，并利用标题、正文、图片、排版等元素带来利益。本章就从这几个方面对自媒体运营的内容进行讲解和分析。

要点展示

- 爆文标题的撰写技巧
- 文章正文的写作技巧
- 精美配图的吸睛技巧
- 提高转发率的排版技巧

10.1 爆文标题的撰写技巧

标题是衡量一篇文章好坏的重要依据，因此自媒体人要想真的做好内容运营，写出更多爆文，首先就需要给每篇文章取一些能够吸引用户点击阅读的标题。本节主要介绍撰写爆文类标题的注意事项以及一些爆文标题的类型。

10.1.1 优质标题的取名方法

标题决定着自媒体运营者 80% 的浏览量，是自媒体营销运营的灵魂。而针对不同的自媒体账号类型，标题的取法是不一样的。下面来介绍自媒体运营中标题写作和取名的一些技巧。

1. 吸睛型标题

可在标题里加入一些特定的关键词。如一些比较常用的吸睛词——"惊人的""注意""请看""通知""最后""终于""你是/能否"等。这样会使文章的曝光率和阅读量达到一个意想不到的效果。

拿"你是/能否"来说，它们同属于疑问句式，在标题中出现代表了对读者的提问，这一类标题更加注重与读者的互动。其中，"你是否"这一关键词的意思就是"你是不是这样？"，是对读者现状的一种展示。

这样的文章标题出现在读者面前时，读者会下意识把文章标题当中的问题代入到自己身上，进而开始反思。比如当读者看见"你是否也不爱吃早餐？"这一文章标题时，就会下意识想自己是不是不爱吃早餐，进而想到吃与不吃的后果会是怎样，然后就会阅读文章一探究竟。这一类型的标题还有很多，如图10-1所示。

图 10-1 标题中加入"你是否"的文章案例

2. 借势型标题

在撰写文章标题的时候适当地借用热点、名人、流行等势头能够让文章传播速度增强。所以，在写文章标题的时候要学会"借势"。下面将从标题如何借势的思路出发，重点介绍8种打造自媒体爆款标题的方法。

第一，借势"热点"。"热点"，其特点就是关注人数众多。在撰写标题时借助"热点"事件或是新闻，能吸引关注这些"热点"的读者和观众，也能使文章的曝光率和阅读量增加。如2017年"世锦赛"、2018年"世界杯"等体育热点。

第二，借势"流行"。借助这些被广大读者所了解和津津乐道的流行元素来撰写文章标题，可以充分应用"流行"这一词所具有的特点和喜欢"流行"的读者所具有的用户动机。这样会让一篇文章的推广变得更简单，读者在看到标题中有自己喜欢的事物时，也会在其中找到或多或少的归属感。

第三，借势"名人"。在文章标题中借助"名人"的势头，可以大大加强文章标题的权威性，人们会觉得这种标题下面所写的内容一定是"有道理"的。面对这样的文章标题，读者特别是该"名人"的忠实观众，往往更愿意点击查看。

第四，借势"牛人"。"牛人"大都身怀绝技，或是在某领域已经做出傲人成绩。所以当一篇文章的标题中出现了"牛人"一词，读者就会想要看看，通常会点击查看这个"牛人"到底哪里"牛"，是如何变"牛"的。

第五，整合热点相关资料。当读者看到对"热点"进行归纳和整合的文案标题时，就免去了读者自己去整合的苦恼，而且整合出来的东西并不一定是每个读者仅凭"热点"都能够想到的。所以这一类的文案标题对读者来说也会极具吸引力。如标题"《我的前半生》告诉女人的16件事"等。

第六，知名自媒体人用方案借势。在文案的标题上面做文章，就像大品牌借助方案为自己造势一样，在文章的标题当中也用方案为自己的文章造势。如大家所熟知的阿里巴巴集团联合各商家进行的"双11购物狂欢节"营销方案就可用在文章标题中。

第七，以情绪做出正确姿态。大部分人很容易被某一种情绪所带动，如借助"奥运会"的势头所撰写的有关"奥运精神"的文章，就很容易调动读者或观众的情绪。因此，在撰写标题时，要学会借助某一热门事件或者人们十分关注的事情，从情绪上调动读者的阅读积极性，就能在很大程度上吸引观众的注意力和眼球。

第八，专业图片要点概况。在文章标题中，借助某一个人们关注或乐于讨论的话题或者事物，加入如"一张图告诉你""一张图帮你读懂"一类的话语，做一个专业性的归纳和概括。这样不仅让读者知道内容是以图片的方式呈现出来的，还能知道图片的内容大致是什么，也会让读者乐于点击文章查看。

3. 数字型标题

在撰写文章标题时，学会如何用醒目的数字吸引和冲击读者的视觉，能为一篇文章的阅读量打下良好的基础。具体来说，表示数量的场合有很多，如有表示人、钱、物多少的数字，也有在数字后加上了"年""月""日""小时"等表示时间的数字，还有在数字后加上"倍""%"等表示程度的数字……

无论是何种使用数字的场景，都能传达出真实又十分准确的信息。把它运用到标题撰写中，会让这一篇文章更具说服力，也更能让读者信服。而且，读者在看一篇文章的时候，一般希望不费太多心力就能简单清楚地看懂文章到底说的是什么。这个时候将数字放入标题当中，就能很好地解决读者的这一想法。

4. 提问型标题

提问型标题就是撰写标题时采用询问某一问题的形式，常见的最简单的答案是"是"或"不是"，但也有很多其他回答。它所包含的种类有很多，所以在日常生活中用得也十分普遍。在标题撰写上，采用疑问句式的标题效果也是很好的，主要表现在以下两个方面。

一方面，提问所涉及到的话题大都和读者联系得比较密切，使得标题和读者的关系更近也更亲切了，所以读者也愿意去看看文章内容。

另一方面，问题本身就能够引起读者的注意。用提问型标题激起读者的好奇心，从而引导读者查看全文。

从读者的心理层面来说，看到提问型标题，一部分读者会抱着查看自身问题的心态点击这类标题，还有一部分读者会抱着学习或者新奇的心态点击阅读文章。不管是哪一部分读者，在看到这样的提问式的标题的时候，都会对文章内容产生兴趣。在文章标题当中采用提问型标题的案例如图 10-2 所示。

5. 修饰型标题

文章标题的撰写要注重其语言修饰的恰当运用，只有修饰语言运用得当，才能吸引读者的目光。特别是有些语言表达方式的运用，如比喻、拟人、对偶、谐音、引用典故等，能让文章标题大放光彩，吸引更多用户阅读和关注。

如图 10-3 所示为在标题撰写时采用了拟人修辞手法的文章案例。

当然，在语言运用方面下功夫，提升文章标题的可读性和内涵，并不是可以随意设置的，而是要注意一定的方法。就如在引用典故方面，要注意到应该选择合适的典故，不能生搬硬套，有时还可以在引用方式上做文章，在稍微修改的情况下灵活引用。当然，其他的语言运用方法上也是如此，自媒体人可多加留意。

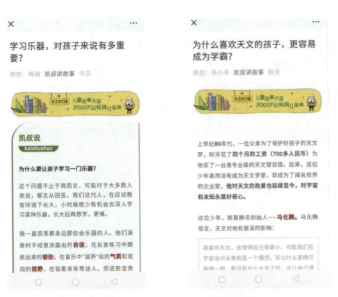

图 10-2　提问型文章标题案例

图 10-3　修饰型文章标题案例

6. 告知型标题

告知型文章的标题要在撰写上能够明确地告诉读者要点,提醒读者去看,这样才能让读者阅读文章。当然,自媒体人要告知读者的要点包括很多方面的内容,如福利、危害、建议等,都可作为告知的内容。

如图 10-4 所示，为"告知危害型"文章标题案例。它常以发人深省的内容、严肃深沉的语调给读者以强烈的心理暗示，尤其是告知危害型的新闻标题，因为具有提醒、警示和震慑作用而被很多自媒体人所追捧和模仿。

如图 10-5 所示，为"告知建议型"文章标题案例。这一类标题就是撰写者在标题里向读者传递一种做某事应该采取的方法的建议，这种标题能让读者一目了然地知道文章中的主体内容，并且以传递知识为噱头，吸引读者的注意力。

图 10-4　"告知危害型"文章标题案例　　图 10-5　"告知建议型"文章标题案例

10.1.2　好标题要满足读者需求

想要一篇文章的标题吸引人，自媒体人就必须知道用户想的是什么，只有抓住用户的心理才能提高文章的阅读量。本节将从用户的阅读心理出发，重点介绍 8 种基于用户心理需求来打造爆款标题的方法。

1. 满足猎奇心理

我们可以抓住读者对世界和未知事物充满好奇心而想去探索、了解的心理，将标题写得充满神秘感，满足读者的猎奇心理，这样就能够获得更多读者的阅读。例如，"手上长出条形码，是一种什么体验？""未来的交通工具长这样！"等。

2. 满足学习心理

一部分人在浏览网页、手机上的各种新闻、文章时，抱有通过浏览的东西学到一些有价值的东西、扩充自己的知识面、增加自己的技能等目的。因此，我们在文章中可以把读者的这一心理需求考虑进去，让自己编写的标题给读者一种能够满足学习心理需求的感觉。例如，"电视预告，原来是这样做出来的！""宝宝的视频，这样剪辑才叫专业"等。

3. 满足感动心理

大部分人都是感性的，容易被情感所左右，人们看见感人的文章会心生怜悯甚至不由自主地落下泪水就是如此。因此在撰写标题时，自媒体人要善于抓住读者的这一心理需求，做到在标题上面精心选择那些容易打动读者的话题或者内容，打动读者，引起读者的共鸣。

4. 满足私心心理

人们总是会对与自己有关的事情多上点心，对关系到自己利益的消息多点注意，而我们可以抓住读者的这一心理需求，如在标题中加入"福利""免费""优惠"等与福利相关的词汇，引起读者的关注。

5. 满足消遣心理

一部分人会点开各种各样的自媒体文章，都是出于无聊、消磨闲暇时光、给自己找点娱乐的目的。那些以传播搞笑、幽默内容为主的文章如果在标题上体现出来，会比较容易满足读者的消遣心理需求，如冷笑话、幽默等。

6. 满足求抚慰心理

人们总是会遇到一些无处诉说的糟心事，而文字中所包含的情绪大都能概括众多人的普遍情况，所以读者在遇到有心灵情感上的问题时，也更愿意去看文章来舒缓压力或情绪。所以，在写文章标题时可以多用一些能够温暖人心、给人关注与关怀的词语，满足读者的求抚慰需求。如"人活着，其实有许多事情无法言说"，就像一个老朋友，暖人心。

7. 满足怀旧心理

几乎所有的人怀旧时的对象都是自己的小时候，小时候的朋友、亲人、吃喝玩和一系列事情，我们可以基于这一大势，在标题文字上加入一些代表年代记忆的字眼，引起人们追忆往昔情怀，此时人们会禁不住想要点开去看一眼，如标题"20 年前的语文课本，你还记得吗？"

8. 满足窥探心理

人们有时候很矛盾，不想让自己的秘密、隐私被人知晓，但是又会有窥探他人或者其他事物秘密的欲望。因此，在设置文章标题时，自媒体人可以适当地利用人们的这种窥探秘密的欲望，写出能够满足读者窥探心理需求的标题，从而吸引读者点开文章进行阅读。

10.1.3 标题拟写的注意事项

自媒体运营者在拟写文章标题的时候，有 4 点值得注意的事项，下面为大家介绍这些注意事项。

1. 标题风格要统一

在给文章取标题的时候，需要考虑到标题与自己运营账号的整体风格是否统一。标题与账号整体风格的统一与否，会影响到读者对自媒体人经营账号的整体评价，以及订阅者浏览、阅读文章时的阅读感受。

举个例子，当你订阅了一个以传播搞笑视频、话题、笑话为主的整体形象类似于嘻哈风的小青年型微信公众号时，但是当你看见该公众号每天推送的文章标题都是正经型的，而且文章的内容用字遣词都是正儿八经如同一位西装革履的白领一族，相信大部分订阅者都会产生一种别扭的、自己是不是点错了公众号的感觉，时间一长可能就会忘记该公众号的存在，或者立刻就取消关注了。

2. 标题字数有要求

在自媒体平台不断发展的情况下，标题的字数也有着向越来越多方向发展的趋势，那么，这一趋势对自媒体人来说，究竟是否符合其发展规律和有着社会适用性呢？过犹不及，往往在一个适度范围内的标题字数才能更吸引读者，也就是说，文章的标题字数应该限制在一定的范围内。

就人们的阅读习惯和平台的运行方式来说，假如软文的标题超过 3 行，在大多情况下，读者是不会去点击阅读的。在智能手机品类多样的情况下，不同型号的手机显示的软文标题字数也是不一样的。一些图文信息在自己手机里看着是一行，但在其他型号的手机里可能就是两行了，在这种情况下，标题中的有些关键信息就有可能隐藏起来，不利于读者了解软文的描述重点和对象。

因此，在制作标题的时候，应该保持文章标题的字数无论在什么样的手机上显示的都是一行。因此，在制作标题内容时，在重点内容和关键词的选择上要有所取舍，把最主要的内容呈现出来。

3. 标题要凸显主题

俗话说："题好一半文。"意思就是一个好的标题等于一半的文章内容。好标题衡量的方法有很多，而标题是否体现文章主旨，就是这些衡量标题好坏的一个主要参考依据。

如果一个标题不能做到让读者在看见它的第一眼就明白它想要表达的内容，由此得出该文章是否具有继续阅读下去的价值，那么读者在很大程度上就会放弃阅读这篇文章。

这一点，对于爆文标题来说，更加需要注意。文章标题如果不能体现文章主旨，浏览者就不能找到阅读价值，也会不再阅读该文章，这会导致自媒体账号的订阅者人数减少，文章阅读量减少。

所以，如果想要让自己的文章成为爆文的话，在取文章标题的时候，一定要注意标题是否体现出了文章主旨。

4. 说明差异性

在自媒体文章的标题撰写中，体现差异性是让软文出奇制胜的关键所在。特别是在随着自媒体的快速增加，而随之出现的软文推送增加的时代环境下，要想脱颖而出，就必须要实现差异制胜。

一般来说，撰写说明差异性的标题，可从两个方面出发，一是同一自媒体平台内的差异性标题。也就是说，在保持文章内容定位的统一性的基础上，还要在标题撰写上有着差异性，不能让平台所有文章的标题都是一致的。否则，容易让人产生审美疲劳，对读者而言也是缺乏吸引力的。

二是不同平台之间的差异性标题。这是充分展现软文个体的突出特点的重要表现。在竞争激烈的内容运营环境中，要想不"泯然众人"，就有必要撰写具有差异性的文章标题。

当读者对标题相似的文章标题的免疫性增加时，突然出现一篇突出特点、表达方式迥异的标题的软文，必然更受读者青睐，由此而产生的点击阅读行为增加的结果也就不足为奇了。

如图10-6所示，为两个自媒体公众号推送的体现差异性的文章标题。它们或为展现独家性，或在语言表达上突出重点（如利用叠字就是其中一例）。

玩转自媒体（第 2 版）

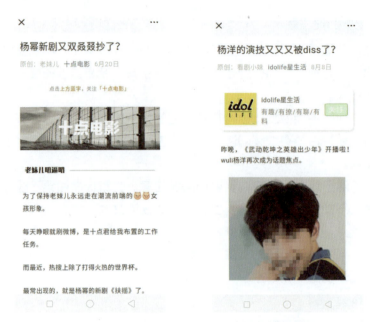

图 10-6　不同账号文章体现差异性的标题案例

10.2　文章正文的写作技巧

在营销写作和布局过程中，自媒体运营者要想让内容能够决胜千里，吸引众多的粉丝，就需要掌握一些表现技巧。下面为大家介绍一些能让自媒体营销内容变得更优质的技巧。

10.2.1　优质爆文表达形式

如今是一个内容创业爆棚的时代，很多人通过将自己产生的内容出售给投资方，从而获得营销收益。因此，对于自媒体人来说，需要记住的是，优质内容是打造爆款的关键所在。下面介绍自媒体内容的 6 种形式，如图 10-7 所示。

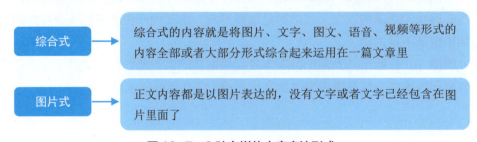

图 10-7　6 种自媒体内容表达形式

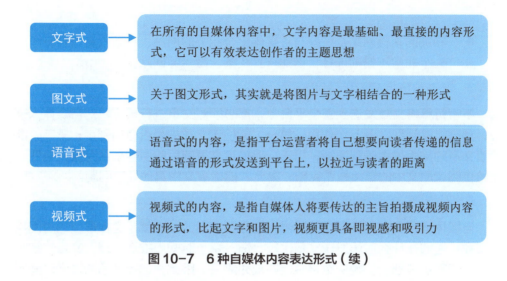

图 10-7　6 种自媒体内容表达形式（续）

10.2.2　正文创作注意事项

自媒体人在进行文章正文创作的时候，需要注意哪些事项呢？接下来为大家介绍正文内容创作前需注意的几个事项。

1. 提前设置内容预告

如果有一篇非常好的内容，一定要提前进行预告，这就像每部电影上映前的宣传手段一样，通过提前预告的方式让用户对内容有一定的期待，这是非常有效的一种推广运营方式。

接下来为大家介绍内容提前预告的两个注意事项：第一，内容的预告最好提前 3 天发布；第二，发布消息要守时，就像"周一见"这样的形式一样，说到做到，说什么时候发布就什么时候发布。

2. 全面收集内容资源

在编辑平台文章时，需要学会多方位地去收集平台内容资源，因此，需要清楚收集内容资源有哪些渠道，弄清楚这个就能够清楚向哪些人群收集平台的内容了。

- 粉丝：可以通过粉丝用户来搜集平台的内容，也就是说由用户为自媒体人提供素材和内容。
- 运营团队：指自媒体运营平台，比如微信，其最重要的来源是自媒体人或者自媒体人背后的公司团体。
- 专家、名人：如果暂时没有原创内容或者粉丝提供的素材内容，可以找一些专家或者名人提供内容，不过找专家或者名人提供素材通常要支付一定的稿酬。
- 相关的素材网站：一些与自媒体平台相关的网站，也是收集内容资源的一个非常不错的选择，例如今日头条、微榜等网站。

3. 仔细预览推文内容

不管打算将文章发送到哪个平台上，都必须对文章进行预览。对自媒体人来说，预览能够起到以下5个作用：第一，能检查文章中是否有错别字；第二，能检查文章的排版是否美观清晰；第三，能检查文章前后的引导是否完整；第四，能检查阅读原文中的链接是否完整；第五，能检查文中其他细节问题。

4. 严格把控推送时间

自媒体运营者在创作爆文的时候，还需要考虑的一点就是选择最佳的时间推送文章。诸如在什么时候发送文章比较合适？哪个时间点推送文章，文章的被阅读率会高？这些都会影响文章是否能够成为爆文。因此，选择合适的发送时间对于自媒体人来说，是非常重要的一件事。

那么推送的具体时间怎么定呢？接下来总结出几段最适合推送信息的时间段，具体如图10-8所示。

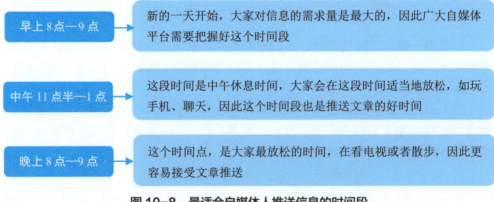

图10-8　最适合自媒体人推送信息的时间段

10.2.3　正文写作的类型

一篇文章，如果要成为爆文，那么自媒体人就需要掌握一些文章正文创作类型。根据文章素材和文章作者写作思路的不同，文章正文的形式也有所不同。接下来将为大家介绍几种常见的爆文正文的写作类型。

1. 故事型

故事对于人们来说是一个什么样的存在呢？我们小时候就喜欢听故事，长大了喜欢看故事。因为小时候听着千奇百怪的故事，所以会对故事中的情节、人物有所向往，而长大后则开始在故事中领悟到人生哲理。不同的阶段，故事对于我们来说有着不同的意义，但有一点不容置疑的是，人人都爱听故事。

而故事型的文章正文要有合理性和艺术性，让读者记忆深刻，有代入感，才能拉近创作者与读者之间的距离。如图 10-9 所示，就是比较典型的故事型文章。

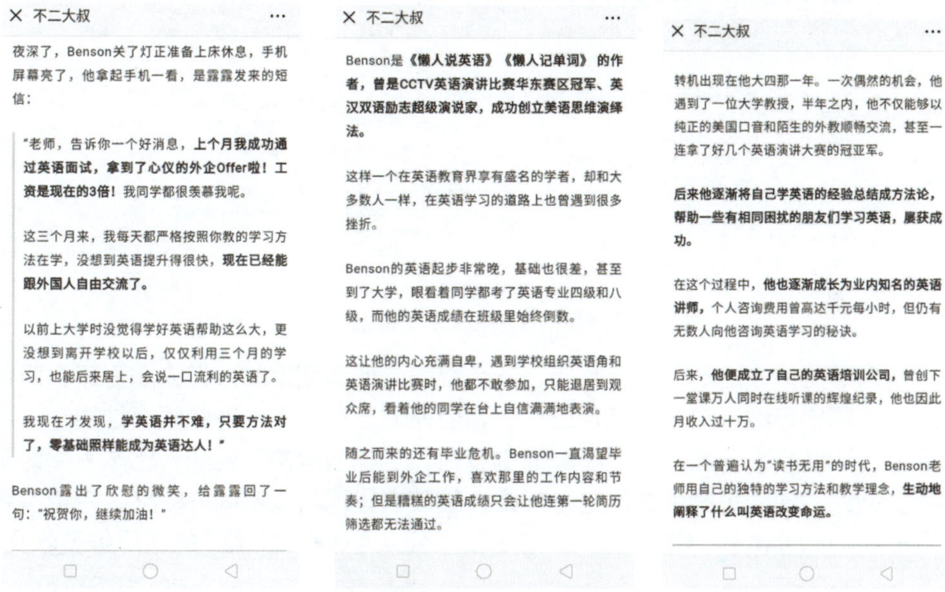

× 不二大叔 ···

夜深了，Benson关了灯正准备上床休息，手机屏幕亮了，他拿起手机一看，是露露发来的短信：

"老师，告诉你一个好消息，**上个月我成功通过英语面试，拿到了心仪的外企Offer啦！工资是现在的3倍！**我同学都很羡慕我呢。

这三个月来，我每天都严格按照你教的学习方法在学，没想到英语提升得很快，**现在已经能跟外国人自由交流了。**

以前上大学时没觉得学好英语帮助这么大，更没想到离开学校以后，仅仅利用三个月的学习，也能后来居上，会说一口流利的英语了。

我现在才发现，**学英语并不难，只要方法对了，零基础照样能成为英语达人！**"

Benson露出了欣慰的微笑，给露露回了一句："祝贺你，继续加油！"

× 不二大叔 ···

Benson是《懒人说英语》《懒人记单词》的作者，曾是CCTV英语演讲比赛华东赛区冠军、英汉双语励志超级演说家，成功创立英语思维演绎法。

这样一个在英语教育界享有盛名的学者，却和大多数人一样，在英语学习的道路上也曾遇到很多挫折。

Benson的英语起步非常晚，基础也很差，甚至到了大学，眼看着同学都考了英语专业四级和八级，而他的英语成绩在班级里始终倒数。

这让他的内心充满自卑，遇到学校组织英语角和英语演讲比赛时，他都不敢参加，只能退居到观众席，看着他的同学在台上自信满满地表演。

随之而来的还有毕业危机。Benson一直渴望毕业后能到外企工作，喜欢那里的工作内容和节奏；但是糟糕的英语成绩只会让他连第一轮简历筛选都无法通过。

× 不二大叔 ···

转机出现在他大四那一年。一次偶然的机会，他遇到了一位大学教授，半年之内，他不仅能够以纯正的美国口音和陌生的外教顺畅交流，甚至一连拿了好几个英语演讲大赛的冠亚军。

后来他逐渐将自己学英语的经验总结成方法论，帮助一些有相同困扰的朋友们学习英语，屡获成功。

在这个过程中，**他也逐渐成长为业内知名的英语讲师**，个人咨询费用曾高达千元每小时，但仍有无数人向他咨询英语学习的秘诀。

后来，**他便成立了自己的英语培训公司**，曾创下一堂课万人同时在线听课的辉煌纪录，他也因此月收入过十万。

在一个普遍认为"读书无用"的时代，Benson老师用自己的独特的学习方法和教学理念，**生动地阐释了什么叫英语改变命运。**

图 10-9　故事型文章案例

2. 悬念型

悬念型文章是指运用设疑、隔断、倒叙的手法，激发读者丰富的想象和阅读兴趣。这种方式能使读者产生急切的期盼心理，进而通读文章。如图 10-10 所示，就是公众号“周公子爱读书”的悬念式文章，用“诗人李白是不是真的无忧无虑”来设置悬念，吸引读者看下去。

3. 逆思维型

逆思维型软文，就是在构思时，让大脑朝着正常思维的对立面思考，从不同的思维角度进行较为深刻的挖掘，从而找到新的突破点。

怎样才算是“反其道而思之”呢？就拿照相来说，一般人们喜欢在摄影师按下快门之前，为了让摄影师把自己拍得美美的，就把眼睛睁得很大，可由于拍照时，人们往往在等摄影师喊：“一！二！三！”但坚持了半天之后，恰巧在“三”字上坚持不住了而闭上眼，就造成了不能一次成品的状况。

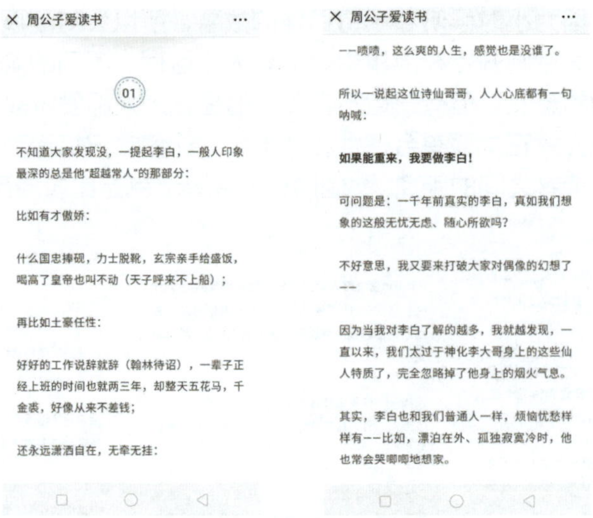
× 周公子爱读书 …

01

不知道大家发现没，一提起李白，一般人印象最深的总是他"超越常人"的那部分：

比如有才傲娇：

什么国忠捧砚，力士脱靴，玄宗亲手给盛饭，喝高了皇帝也叫不动（天子呼来不上船）；

再比如土豪任性：

好好的工作说辞就辞（翰林待诏），一辈子正经上班的时间也就两三年，却整天五花马，千金裘，好像从来不差钱；

还永远潇洒自在，无牵无挂：

× 周公子爱读书 …

——啧啧，这么爽的人生，感觉也是没谁了。

所以一说起这位诗仙哥哥，人人心底都有一句呐喊：

如果能重来，我要做李白！

可问题是：一千年前真实的李白，真如我们想象的这般无忧无虑、随心所欲吗？

不好意思，我又要来打破大家对偶像的幻想了——

因为当我对李白了解的越多，我就越发现，一直以来，我们太过于神化李大哥身上的这些仙人特质了，完全忽略掉了他身上的烟火气息。

其实，李白也和我们普通人一样，烦恼忧愁样样有——比如，漂泊在外、孤独寂寞冷时，他也常会哭唧唧地想家。

图 10-10　悬念型文章案例

所以英国伦敦的一个摄影师换了一个思路。他请照相的人们先闭上眼，听他的口令，同样是喊：“一！二！三！”，但在“三”字上一齐睁眼。结果，一次成品照片冲洗出来一看，一个闭眼的也没有，全都显得神采奕奕，比本人平时更精神。因此，逆向思维就是不走寻常路，给读者呈现与众不同的软文，带给读者非同一般的阅读体验。如图 10-11 所示就是公众号“罗辑思维”的逆思维型软文。

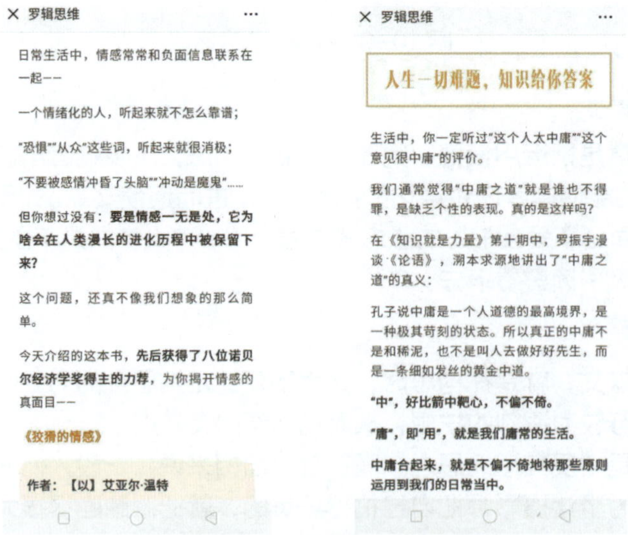
× 罗辑思维 …

日常生活中，情感常常和负面信息联系在一起——

一个情绪化的人，听起来就不怎么靠谱；

"恐惧""从众"这些词，听起来就很消极；

"不要被感情冲昏了头脑""冲动是魔鬼"……

但你想过没有：**要是情感一无是处，它为啥会在人类漫长的进化历程中被保留下来？**

这个问题，还真不像我们想象的那么简单。

今天介绍的这本书，**先后获得了八位诺贝尔经济学奖得主的力荐**，为你揭开情感的真面目——

《狡猾的情感》

作者：【以】艾亚尔·温特

× 罗辑思维 …

人生一切难题，知识给你答案

生活中，你一定听过"这个人太中庸""这个意见很中庸"的评价。

我们通常觉得"中庸之道"就是谁也不得罪，是缺乏个性的表现。真的是这样吗？

在《知识就是力量》第十期中，罗振宇漫谈《论语》，溯本求源地讲出了"中庸之道"的真义：

孔子说中庸是一个人道德的最高境界，是一种极其苛刻的状态。所以真正的中庸不是和稀泥，也不是叫人去做好好先生，而是一条细如发丝的黄金中道。

"中"，好比箭中靶心，不偏不倚。

"庸"，即"用"，就是我们庸常的生活。

中庸合起来，就是不偏不倚地将那些原则运用到我们的日常当中。

图 10-11　逆思维型文章案例

4. 创意型

随着科技的不断进步，人们开始追求有趣的、好玩的以及没见过的事物，希望每天都有不同的创意能围绕在身旁，那样人们才不会觉得生活枯燥、单调以及乏味。如果撰写出让人们感到惊喜的创意文章，那么就很有可能吸引更多的读者和粉丝。另外，从不同的角度进行文章创意写作，增加读者的新鲜感，在读者审美疲劳的时候给一针强心剂，也为软文营销的实现提供了很好的助力。如图 10-12 所示，"吴晓波频道"公众号推出了一篇很有创意的"和老板谈加薪"的文章，引发了不少读者的共鸣。

图 10-12　创意型文章案例

5. 层层递进型

层层递进型的正文布局的优点是逻辑严谨，思维严密，按照某种顺序将内容一步步地铺排，给人一气呵成的畅快感觉。如图 10-13 所示，是公众号"创业邦"的一篇层层递进型的文章。这篇文章从腾讯微视的回归切入，然后用了小标题的形式，一层层地展开来写了腾讯微视发展不起来的原因。

6. 总分总型

总分总型的文章是在开篇点题，然后在主体部分将中心论点分成几个横向展开的分论点，最后在结论部分加以归纳、总结和必要的引伸。

如图 10-14 所示，为微信公众号"手机摄影构图大全"推出的一篇总分总型的文章。文章开头先对人像摄影的"留白"作了一个总体解说，然后对"留白"的多种方法进行了细分讲解和指导，结尾又对"留白"的摄影技巧进行了总结和提示。

图 10-13　层层递进型文章案例

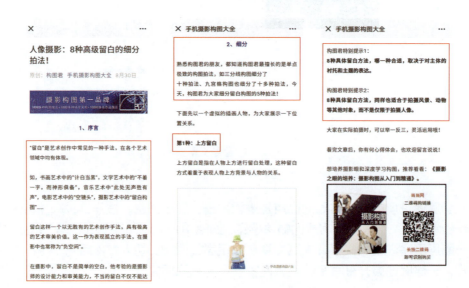

图 10-14　总分总型文章案例

7. 镜头剪切型

文章中的镜头剪接式布局又称为片段组合式，是指根据表现主题的需要，选择几个典型生动的人物、事件或景物片段组合成文。如图 10-15 所示，为知名导师乐嘉的公众号"FPA 性格色彩"发表的一篇文章。

图 10-15　镜头剪切型文章案例

这篇文章就采用镜头剪切的方法，将学员分享的故事很好地串连了起来。

8. 欲扬先抑型

欲扬先抑的标题相当于记叙文中的技巧"抑扬"，这类标题在使文章产生诱人的艺术魅力的同时，还能突出事物的特点或人物思想情感的发展变化。

10.2.4　开头和结尾的吸睛方法

一篇文章开头的重要性仅次于文章标题和主旨。所以在写文章时，一定要注意在开头就吸引住读者的目光，这样才能让读者有继续阅读下去的念头。同时，一篇优秀的自媒体文章也需要一个符合读者需求、口味的结尾，接下来对文章开头和结尾的写作方法分别展开论述。

1. 开头撰写

对自媒体平台上的文章来说，正文的开头是一篇文章中很重要的组成部分。它决定了读者对这篇文章内容的第一印象，因此要对它加以重视。一篇优秀的文章，在撰写正文开头时一定要做到以下 4 点。

第一，紧扣文章的主题来写。

第二，语言风格上要吸引人。

第三，表达上陈述部分事实。

第四，内容特点上要有创意。

除此之外，自媒体人还需要掌握不同类型文章开头的写法，而文章开头的类型主要分为以下几种。

(1) 激发联想型：在写想象与猜测类型的正文开头时，可以稍稍运用一些夸张的写法，但也不要太过夸张，基本上还是倾向于写实或拟人。其目的是让读者在看到文字的第一眼就能够展开丰富的联想，猜测在接下来的文章中会发生什么，从而产生强烈的继续阅读文章的欲望。在使用想象猜测类型的文章开头的时候，要注意的就是开头必须有一些悬念——给读者以想象的空间，最好是可以引导读者进行思考。

(2) 平铺直叙型：平铺直叙型也叫作波澜不惊型，表现为在撰写正文开头时，把一件事情或者故事有头有尾、一气呵成地说出来，平铺直叙。也有人把这样的方式叫作流水账，其实也不过分。平铺直叙型的方式在正文中使用得并不多，更多地还是存在于媒体发布的新闻稿中。但是，自媒体运营者在正文的开头中也可以选择合适的时候使用这种类型的写作方法。例如重大事件或者名人明星的介绍，通过正文本身表现出来的重大吸引力来吸引读者继续阅读。

(3) 开门见山型：开门见山型的文章开头需要作者在文章的首段就将自己想要表达的东西都写出来，不隐隐藏藏而是干脆爽快。在使用这种方法进行软文正文开头创作的时候，可以使用朴实、简洁等能进行清楚表达的语言，直接将自己想要表达的东西写出来，不要故弄玄虚。另外，在使用时要注意，正文的主题或者事件必须要足够吸引人。如果主题或者要表达的事件没办法快速地吸引读者，那么这样的开头方法最好还是不要使用。

(4) 幽默分享型：幽默感是与他人沟通时最好的武器，能够快速搭建自己与对方的桥梁，拉近彼此之间的距离。幽默的特点就是令人高兴、愉悦。如果能够将这一方法使用到文章的正文开头写作中，将会取得不错的效果。

在自媒体平台上，有很多自媒体人会选择在文章中通过一些幽默、有趣的故事做开头，吸引读者的注意力。相信一般人都会喜欢看可以给自己带来快乐的东西，这就是幽默故事分享型正文开头的存在意义。

(5) 经典语录型：使用名言名句开头的文章，一般会更容易吸引住受众的眼光。因此，在撰写文章时，文章编辑可以多搜索一些和文章主题相关的名人名言，或者是经典语录。

在文章的开头应该用一些简单但是精练又紧扣文章主题并且意蕴丰厚的语句，或者使用名人说过的话语、民间谚语、诗词歌赋等语句。这样就能够使文章看起来更有内涵。而且这种写法更能吸引读者，可以提高文章的可读性，以及更好地凸显文章的主旨和情感。除了使用名言名句，还可以使用一些蕴含道理的故事作为文章正文的开头。小故事一般都简短，但是有吸引力，能很好地引起读者的兴趣。

2. 结尾的写作方法

（1）首尾呼应法：首尾呼应法，就是我们常说的要在文章结尾点题。在进行撰写时如果要使用这种方法结尾的话，就必须要做到首尾呼应——文章开头提过的内容、观点，在正文结尾要再提一次。

一般来说，自媒体平台的文章很多都是采用"总—分—总"的写作方式，结尾大多根据开头来写，以达到首尾相应的效果。如果正文的开头提出了对某事、某物、某人的看法与观点，中间进行详细的阐述，到了文章结尾的时候，就必须自然而然地回到开头的话题，来个完美的总结。首尾呼应的结尾法能够凭借其严谨的文章结构、鲜明的主体思想给读者留下深刻的印象，引起读者对文章中提到的内容进行思考。如果想要加深读者对自身传递的信息的印象，那么首尾呼应法则是一种非常实用的方法。

（2）号召用户法：如果想让读者加入某项活动中，就可以使用号召法对文章进行结尾。同时很多公益性的自媒体账号推送的文章中使用这种方法进行结尾的文章也比较多。号召法结尾的文章能够在读者阅读完文章内容后，让读者对文章的内容产生共鸣，从而产生更强烈的加入文章发起的活动中去的欲望。

如图10-16所示，是"手机摄影构图大全"推送的一篇号召粉丝购买图书的软文，在文章的结尾处号召力十分明显。

图10-16　以号召法结尾的文章案例

（3）推送祝福法：祝福法也是很多自媒体运营者在文章结尾时会使用的一种方法。因为这种祝福形式的结尾法能够给读者传递一份温暖，让读者在阅读完文章后，感受到平台对其的关心与爱护。这也是非常能够打动读者内心的一种文章结尾方法。

如图 10-17 所示，是公众号"独木舟"在儿童节推送的一篇以祝福结尾的文章，这样的祝福显得既俏皮又温暖，能增加粉丝的好感度。

图 10-17 以祝福法结尾的文章案例

(4)抒发感情法：使用抒情法作为文章的收尾，通常较多地用于写人、记事、描述的文章结尾中，如图 10-18 所示。

图 10-18 以抒情法结尾的文章案例

专家提醒

在用抒情法进行文章收尾的时候,一定要将自己心中的真实情感释放出来,这样才能激起读者情感的波澜,引起读者的共鸣。

10.2.5 表现爆文精髓的技巧

在文章写作和布局过程中,自媒体人要想让文章内容能够决胜千里,吸引众多的读者,就需要掌握一些表现技巧。下面笔者就为大家介绍 8 个让文章内容能够决胜的表现技巧。

- 塑造独特的表达风格,把个性特征无限放大,使文章具有高辨识度。
- 运用特写式或者是鸟瞰式,营造文章与生活息息相关的场景。
- 着力打造一些经典的、具有代表性的专题,迎合读者的阅读兴趣。
- 自媒体人要有灵敏的鼻子,才能扣住最新热点,决胜内容。
- 在文章中描述和提及节日,并进行相关的说明和活动,调动阅读气氛。
- 发布有干货、有价值的文章内容,要具有实用性和技巧性等。
- 让读者参与到自媒体人组织的活动中来,有助于提升影响力。
- 公众号运营的自媒体人可以通过与用户互动和问答的形式来获取内容。

10.3 精美配图的吸睛技巧

要想提高文章和网页的点击率,增加平台的关注度与曝光度,自媒体运营者就必须让用户对其提供的信息眼前一亮。而要做到这一点,图片的选择和设计尤为重要。

10.3.1 优质好图应具备的特征

一般用户在搜索关键词之后,跳转的页面中会出现一系列文章的封面图片,而图片质量的高低直接影响到推送文章的阅读量与点击率。如果自媒体人的封面图片制作切合推送的主题,符合用户的审美标准,那么就能激发用户的好奇心,从而提高文章的阅读量。那么优质的封面好图应具备哪些基本特征呢?具体有以下 3 个。

- 具备简洁大方的画面。
- 在图片中能突出重点。
- 具备强烈的视觉冲击感。

一张优质的图片能对用户产生强烈的视觉冲击感,在一定程度上节约了平台推广的成本支出。对于自媒体人来说，好的封面是会让用户眼前一亮，向用户传递内容的重要信息，从而能引发用户阅读兴趣的。

10.3.2 超高颜品应具有的 8 大要素

图片素材是指没有经过任何艺术的加工、零散而没有系统分类的图片。图片素材选择是否合理是打造亮眼的视觉效果的基础。自媒体人只有对符合主题并且质量较高的图片素材进行适当的艺术加工，才能真正地为文章增添色彩。一般说来，好的图片一般包括 8 个方面的要素，具体内容如下。

1. 拥有高的清晰度

高清的图片是获得平台用户良好第一印象的法宝，它体现了文章价值的高低，直接影响着用户的价值判断。

2. 合适的颜色搭配

好的图片素材除了拥有较高的清晰度外，还应具备的一个特点是图片背景应该比较有序或者干净，而不是杂乱无章，不然就会给读者留下一个美感不强的印象。

图片的颜色搭配合适能够给读者一种顺眼、耐看的感觉，一张图片颜色搭配要合适需要做到两个方面：一方面是选择的图片要亮丽夺目，另一方面是选择图片的颜色搭配要与文章的内容符合。

其中，选择的图片素材是否亮丽夺目是吸引读者关注的主要因素，舒适美观的视觉配色有利于提高图片的亮点与辨识度。因此，在没有特殊情况下，图片要尽量选择色彩明亮的，因为这样的图片能给文章带来更多的点击量。而选择亮眼图片提高点击量的具体原因有以下 3 个。

- 选择亮丽图片可以使读者眼前一亮，吸引读者关注。
- 亮眼图片更容易激发读者的好奇心，引起其阅读兴趣。
- 亮眼图片为读者带来美好的视觉享受，达到预期效果。

很多读者在阅读文章的时候希望能有一个轻松、愉快的氛围，不愿在压抑的环境下阅读，而色彩明亮的图片就不会给读者一种压抑、沉闷的感觉，反而能给读者带来舒适轻松的阅读氛围。

当然，图片除了亮丽夺目外，在颜色选择上还有一个与内容是否符合的因素存在，这也是在图片的细节处理中需要注意的问题，在自媒体平台上的各种图片处理也是如此。如果推送的内容是比较悲沉、严谨的，那就应该选择与内容相适应的颜色的图片——不可使用太过活泼的颜色，因为这样会使得整体感觉不搭。

3. 视觉光线要充足

一般而言，视觉光线较好的图片素材相较于光线昏暗的图片素材，会更容易给用户好的视觉享受。如果在进行视觉设计时没有把握好视觉光线，一方面容易导致呈现的图片无法达到预期的视觉效果；另一方面这样的视觉图片也不足以引起读者的阅读兴趣。

4. 科学的视觉角度

要打造好的视觉效果，需要自媒体人在进行视觉设计时选择具有科学合理的视觉角度的图片素材，从而为文章增添亮点，提高文章的可读性。选择视觉展示角度合理的图片素材的好处主要有3个。

第一，有利于增强文章的立体感。

第二，有利于全面呈现内容主旨。

第三，有利于增加文章的生动性。

5. 富有创意的设计

清晰度再高、视觉光线再充足或是展示角度再准确立体，如果所采用的图片素材都是千篇一律，缺乏创新点，那么对用户的吸引力也是有限的。要保持对用户长久的吸引力，需要自媒体人在视觉设计上富有创意，持续保持用户对该自媒体的新鲜感。独具匠心的图片往往能够激发用户的好奇心理，给予用户最佳的视觉享受，从而增加对自媒体人的好感度，扩大其影响。

值得注意的是，选择视觉角度合理的图片素材，不仅是自媒体人营造最佳视觉效果的前提条件，也是激发用户好奇心、引起用户关注最重要的影响因素。试想，如果用户无法从接收的图片中找到文章的亮点与独特性，长此以往，也会大大降低用户对自媒体人的信任。

6. 图片的美妆效果

一般我们在进行自媒体运营时是离不开图片的，图片是让内容变得生动的一个重要武器，会影响到读者的点击阅读量。因此，在使用图片给内容增色的时候也可以通过一些方法给图片"化妆"，让图片更加有特色，提高视觉的精美度，从而吸引到更多的读者。给图片"化妆"可以让原本单调的图片，通过多种方式变得更加鲜活起来。自媒体人要给图片"化妆"可以通过两种方法着手进行，具体介绍如下。

（1）图片拍摄时"化妆"。自媒体人使用的照片来源是多样的，有的是团队或者个人自己拍摄的，有的是从专业的摄影师或者其他地方购买的，还有的是从其他渠道免费得到的。对于自己拍摄图片的自媒体运营者来说，只要在拍摄图片时，注意拍照技巧的运用、拍摄场地布局、照片比例布局等问题，就能达到给图片"化妆"的效果。

（2）图片后期"化妆"。如果对选择的图片还是觉得不太满意，可以在后期给图片"化妆"。现在用于图片后期处理的软件有很多,如强大的 PS、众所周知的美图秀秀等,自媒体人可以根据自己的实际技能水平选择图片后期处理软件,通过软件让图片变得更加夺人眼球。

7. 图片容量要合适

在选择推送内容的图片时,除了要选择符合主题内容的图片和注重图片的精美度外,还需要选择容量适宜的图片,便于用户的阅读。自媒体人应尽量将单张图片的容量大小控制在 1.5MB ~ 2MB 为最佳,然后在这个容量限制的基础上,对选定的图片素材进行编辑。

之所以说要选择合适的图片容量,是从给读者阅读体验出发的——不想让过大的图片耗费读者大量流量的同时,还要耗费图片加载的时间,从而给读者带来不佳的阅读体验。在此分两种情况介绍,具体如下。

(1) 如果平台定位的读者一般习惯晚上 8、9 点阅读文章,而这个时间段人们基本上都是待在家里,读者可以使用 Wi-Fi 打开进行阅读,不用担心读者的流量耗费,也不用担心图片加载过慢,那么就可以适当地将图片的容量放大一些,给读者提供最清晰的图片,让读者拥有最好的阅读体验。

(2) 如果平台定位的读者大部分都是在早上 7、8 点钟阅读文章,那么使用手机流量上网的可能性就会比较大。这种情况下如果平台推送信息,就需要将图片容量控制在 1.5MB ~ 2MB,为读者节省流量的同时,也节省图片加载时间。

8. 图片尺寸要适宜

除了上面提及的几个方面的要素外,自媒体人还应注重选择合适的图片尺寸,一方面便于图片的顺利上传;另一方面保证整个视觉页面的协调。

图片的尺寸并不仅仅指图片本身的大小(即像素),它还指在文章排版中图片显示的尺寸。图片在排版中的尺寸一般有一个固定范围内的大小,不可能做太大的调整,因此,为了保持图片的清晰度,必须保证图片本身的尺寸大小,以提高图片的分辨率,这是实现图片高清显示的最基本保证。

10.3.3 打造精品美图必会的几种构图技巧

在拍摄精品美图的过程中,我们需要掌握几种构图技巧,如分隔构图、直线构图、发散构图等,接下来为大家分别介绍。

1. 分隔构图

比如,销售产品的自媒体人在产品主图的构图上也需要进行认真的设计,因为不同的构图方法可以打造不同的视觉关注点,从而形成风格各异的产品气氛,给消费者带来视觉享受。例如,针对服装类产品,运用得比较多的是分隔构图方法。如图 10-19 所示为采用分隔构图法的产品图片。

图 10-19　采用分隔构图法的产品图片

采用分隔构图法的好处，一是可以全方位展示产品特点，让消费者买得放心；二是可以呈现出产品的不同颜色和款式，从而吸引消费者的注意力。虽然，分隔构图法主要用于服装类商品展示中，但也不排除有别的品类的产品可以采用这种构图法，如图 10-20 所示。

图 10-20　采用分隔构图法的商品

这两张商品主图运用分隔构图法的主要表现是在画面中将主图分割成多个部分，然后每个部分展示了不同的产品或产品的不同部分，让消费者能够清晰明了地看到产品的特征以及多样性。

2. 直线构图

直线构图法就是在展示产品的过程中，采用的是以直线呈现的方式，或在垂直方向上，或在水平方向上，产品连成一条直线。这种构图法能够充分展示产品的种类和颜色，而且使消费者更容易在视觉效果上对产品进行比较，从而对产品的选择也更加多样化。如图 10-21 所示为运用直线构图法呈现的产品图片。

图 10-21　产品图片的直线构图

3. 发散构图

发散构图法就是在展示产品的过程中，产品一端的延长线会集中指向某一点，而另一端按照一定的规则向四周分散开来。发散构图法一般适用于比较细长的产品类型，其构图优势主要有 3 个。

- 使得图片画面动态感增强，吸引消费者注意。
- 有力突出发散中心产品，完美地展示产品。
- 造成强烈的视觉冲击，令人过目不忘。

如图 10-22 所示，为产品主图的发散构图方式，笔呈发散式向四周扩散，既能够扩展消费者的目光，又可以聚集视觉的焦点。如果想要让消费者注意到商品的品牌，还可以在焦点处放置品牌的标识，以达到宣传推广的作用。

图 10-22　商品主图的发散构图法

10.3.4 图片协助推广的营销方法

自媒体人要引爆读者的眼球，无非就是为了推广获取利益。那么，怎样让图片起到一个推广的效果？下面教大家几种方法。

1. GIF 动图

图片格式的选择是多样的，包括 PNG、JPG、GIF、TIFF 等。很多的自媒体运营者在放图片的时候都会采用 GIF 动图的形式，这种动起来的图片确实能吸引不少读者。

相对于传统的静态图，它的表达能力会更强大\更有动感。因为静态图片只能定格某一瞬间，而一张动图则可以演示一个动作的整个过程，所以自然而然动图的效果会更好。

专家提醒

如果想把自己的产品通过文章推广出去，并扩大品牌影响力，可以在文章中加入动图形式，展示产品全方面的特色，以便更加生动地吸引读者和消费者，实现吸粉引流的目标。

2. 长图文

长图文是让图片能获得更多关注度的一种好方法。长图文将文字与图片融合在一起，借文字描述图片内容的同时用图片所表达的意思更生动、更形象，二者相辅相成，配合在一起，能够使内容的阅读量达到不可思议的程度。如图 10-23 所示为公众号"手机摄影构图大全"的长图文案例分享。

图 10-23 长图文案例分享

> **专家提醒**
>
> 在制作长图文的过程中，应注重图片素材选择的连贯性，保证推送内容的一致性。另外，要想长图文取得好的视觉效果，除了注重图片的选择以外，还要注重过渡语言的书写。

3. 图片水印

给图片打个标签也是自媒体人需要注意的一个问题，意思就是给自己的图片加上专属的水印。例如，微信公众号名称、APP 名称、个人微信。

如图 10-24 所示，为微信公众号添加"图片水印设置"的界面。

图 10-24 "图片水印设置"界面

10.4 提高转发率的排版技巧

如果说自媒体运营者的内容是让作者与读者之间产生思想碰撞或共鸣的武器，那么自媒体人对运营内容的格式布局就是给读者提供一种视觉上的享受。内容的排版对运营有很重要的作用，它决定了读者是否能够舒适地看完整篇文章并转发，因此本节为大家介绍提高文章转发率的排版技巧。

10.4.1 段落首行缩进

首行缩进的效果是让内容看起来更有段落感，不至于用大篇幅的文字让读者的眼睛看得疲劳和难以思考。但有的自媒体平台不适合段落首行缩进，例如，微信公众号平台的推文就不适合传统的首行缩进，因为不进行首行缩进在手机上阅读会更整齐美观，因此微信公众号平台的文章大多是没有首行缩进的，如图 10-25 所示。

图 10-25　微信公众号推文

所以，根据运营的平台来选择段落首行缩进，才是首行缩进的正确使用方法，一般建议开发了 APP 的平台不要有此操作。另外，首行缩进都是空两个字符，没有设置首行缩进的平台使用敲打键盘的方式操作即可。

10.4.2　根据要点加粗调色

运用自媒体平台发布内容的时候，要突出自己的主题、重点，可以使用要点加粗调色的方法。下面以自媒体中最具代表性的微信公众平台进行分析，具体介绍如下。

1. 重要文本内容加粗

一般的文本编辑中，多有采用要点字体加粗的方法，这样可以使读者快速地抓住内容的主题，如图 10-26 所示。

这种突出要点的方法的操作，可以通过平台上的"加粗设置"来完成。

2. 重要文本内容调色

文章的文字颜色是可以随意设置的，并不只是单调的一个色。所以，从读者的阅读效果出发，将文章中的文字颜色设置为符合阅读习惯和兴趣的最佳颜色，还是非常有必要的。

文字的颜色搭配适宜是让文章获得吸引力的一个重要因素，良好的文字颜色搭配不仅能提升读者阅读的舒适感，还能使得文章的整体版式更具特色，而当一篇公众号文章同时满足了这两点，就很容易成为爆款文章。

自媒体人在进行字体颜色设置的时候，要以简单、清新为主，尽量不要在一篇文章中使用多种颜色的字体，这样会让版面看起来非常花哨，使整篇文章缺少一种舒适、整齐的感觉。如图 10-27 所示，为要点字体调色的案例分享。

图 10-26　要点字体加粗的案例分享

图 10-27　要点字体调色的案例分享

> **专家提醒**
>
> 同时，文字的颜色要以清晰可见为主，不能使用亮黄色、荧光绿这类让读者看久了眼睛容易产生不舒适的颜色，尽量以黑色或者灰黑色的颜色为主。

10.4.3 用分隔线增加舒适度

分隔线是在内容中将两个不同部分的内容分隔开来的一条线。虽说它叫分隔线，但它的形式不仅仅是线条这种形式，它还可以是图片或者其他分隔符号，用户可以根据自身需要任意选择。

分隔线可以用于内容的开头部分，也可以用于内容中间或结尾部分，起到一个段落分明的作用。如图 10-28 所示，为自媒体微信公众号分隔线的使用案例分享。

图 10-28 使用分隔线的案例分享

> **专家提醒**
>
> 借助分隔线将内容分隔开来，能提供给读者一种提醒功能，同时也能增加内容排版的舒适感，给读者带来更好的阅读体验。对于自媒体平台提供的分隔线形式少的问题，自媒体人可以借助其他软件来设计更多的分隔线类型。

10.4.4 图文搭配的细节

虽然现在自媒体的运营形式有语音、视频等多种样式,但大多数内容还是以图文结合型为主的。自媒体人在进行图文排版的时候,如果想让版式看起来更舒适,需要注意以下几点。

1. 图片版式、大小一致

在同一内容中,用到的图片与版式要一致,给读者统一、有整体性的感觉。如果自媒体人在内容的开头用的是圆形图,那么后面的图片同样需要用圆形图;如果是矩形图,后面同样需要用矩形图。

2. 图文之间要有间距

图文之间要有间距,可以分为以下两种情况进行设置。

第一,图片与文字间要隔开一段距离,不能太紧凑。如果图片与文字隔得太紧,会让版面显得很拥挤,给读者的阅读效果不佳。

第二,图片与图片之间不要隔得太紧凑,要有一定的距离,如果两张图片之间没有距离,就会给读者两者是一张图的错觉。

尤其是连续在一个地方放多张图片的时候,特别要注意图片之间的距离。有一些自媒体人在上传多张图片时,不会自动空开图片之间的距离,因此在发布内容之前要多加检查和注意。

专家提醒

有的文章可能不需要太多的图片进行辅助说明,只是起到一个丰富形式的作用,那么就只用一两张图片就好;有的文章则必须要有多张图片来解释说明,才能将文章内容传达给读者。这就是为什么要根据文章内容安排图片数量的原因。

10.4.5 调整内容的行间距

文字排版中,文字间距的把握很重要,尤其是对于用手机浏览内容的用户来说。而适宜的文字间距主要是指以下几个方面的距离要适宜,以微信公众号为例,为大家进行讲解。

1. 字符间距

字符间距指的是横向字与字的间距,字符间距的宽与窄会影响到读者的阅读感觉,也会影响到整篇内容篇幅的长短。

微信公众号的后台没有可以调节字符间距的功能按钮，所以如果想要对微信公众平台上的文字进行字符间距设置的话，可以先在其他编辑软件上编辑好，然后再复制和粘贴到微信公众平台的内容编辑栏中。文字的字符间距对微信公众平台上内容的排版是有一定影响的，并且会影响到读者的阅读体验，所以微信公众平台的自媒体人一定要重视对字符间距的排版。

2. 行间距

行间距指的是文字行与行之间的距离，行间距的多少决定了每行文字间纵向间的距离，行间距的宽窄也会影响到内容的篇幅长短。在微信公众号后台群发功能中的新建图文素材的图文编辑栏中设有行间距排版功能，其提供的可供选择的行间距宽窄有 7 种，如图 10-29 所示。自媒体人可以把每一种间距选择都进行设置，比较一下，看看哪种间距排版在视觉体验上效果更好。

图 10-29 微信公众号的行间距排版

3. 段间距

文字的段间距指的是文字段与段之间的距离，段间距的多少也同样决定了每行文字纵向间的距离。在微信公众号后台群发功能中的新建图文消息的图文编辑栏中的段间距排版功能，分为段前距与段后距两种。大家可以根据自己平台读者的喜好去选择合适的段间距，首先要弄清楚读者喜好的段间距风格，可以采用给读者提供几种间距版式的内容让读者进行投票选择的方法来得到。

10.4.6 第三方编辑器

微信公众号作为自媒体运营的重要平台，自媒体人应该为微信公众平台多费一些心思，但平台所能提供的编辑功能是有限的，只有最简单的内容排版功能，这一情况和事实对使用公众号的自媒体人来说就难免显得太单调了，不能够吸引读者的眼球。因此，自媒体人可以借助一些功能更齐全的第三方编辑器来帮助自已设计出更多有特色的内容版式。下面有几种比较常见的第三方内容排版编辑器。
- 秀米排版编辑器。
- 135微信编辑器。
- i排版编辑器。
- 微助点微信编辑。

接下来为大家介绍比较常用的秀米排版编辑器以及i排版编辑器的操作方法，希望大家能熟练掌握。

1. 秀米排版编辑器

秀米的特色就是简洁明了，其使用方法和页面风格如出一辙，具体如下所示。

步骤 01 进入秀米排版编辑器的主页，如图10-30所示，单击页面右侧的"新建一个图文"按钮，即可开始对文章进行排版。

图10-30 秀米排版编辑器的主页

步骤 02 执行上述操作后，就会跳转到如图10-31所示的内容编辑页面，单击页面左侧的"我的图库"按钮即可。

图10-31 内容的编辑页面

步骤 03 接着❶单击页面中间的 图标，然后❷单击"上传图片"按钮，❸单击选择合适的图片，即可看到封面图已经展示出来，如图10-32所示。

图10-32 设置封面图

步骤 04 接着❶输入标题和摘要，❷单击"图文模板"按钮，❸单击"标题"按钮，❹选择合适的标题形式，如图10-33所示。

图10-33 标题的设置

步骤 05 执行上述操作后，即可进行正文的编辑。❶输入正文标题，如图10-34所示，然后❷单击空白处粘贴正文内容，❸再单击"上传图片"按钮，❹选择合适的图片即可。接着❺单击 图标，就可以预览效果了。

步骤 06 执行上述操作后，即可看到排版的效果，如图10-35所示。接着单击"授权公众号"按钮，即可同步到微信公众平台。

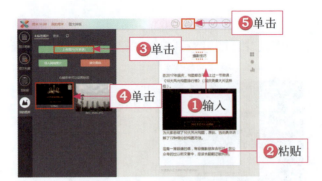

图10-34　正文的编辑

图10-35　预览效果展示

2．i 排版编辑器

i 排版编辑器是一款在线编辑微信图文内容的软件，使用方便快捷，支持随时随地发布微信文章。可以一键排版，它最大的特色是可以设计签名，自媒体人可以把设计好的签名和二维码一起放在图文的最后。i 排版编辑器的主要功能特点有以下4个。

第一，通过微信扫描二维码即可完成注册与登录。

第二，编辑器模板样式分为标题、卡片等9个部分。

第三，顶部工具栏提供了清除格式、一键排版等功能。

第四，利用色板布景可进行换色，还可添加其他颜色。

由于前面已经介绍过一些设计字号、字符间距内容，因此这里只对 i 排版主要的特色功能进行讲解，具体的步骤如下。

步骤01　进入 i 排版的编辑主页，如图10-36所示，❶输入标题，然后❷单击页面左侧的"标题"按钮，❸再单击"散文诗集"按钮即可。❹输入标题内容。这一功能的使用需要开通会员，通过微信扫一扫会获得赠送。

步骤02　复制正文的内容，进行格式调整。❶单击"卡片"按钮，❷单击合适的卡片形式，正文内容的展示效果如图 10-37 所示。

步骤 03 也可以使用模板，❶单击"付费模板"按钮，❷选择喜欢的模板，❸再单击合适的小标题即可。此外，模板中的图片可以替换，❹单击"替换图片"即可，如图 10-38 所示。

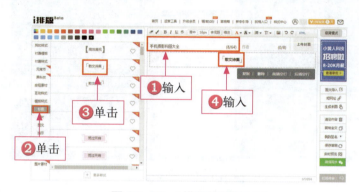

图 10-36　i 排版的编辑主页

图 10-37　卡片形式的展示效果

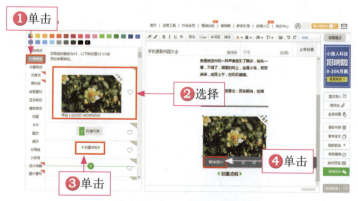

图 10-38　付费模板的使用

步骤 04　文章内容编辑好之后，可以❶单击"实时预览"按钮，部分效果如图 10-39 所示，确认无误后即可❷单击"微信同步"按钮。

图 10-39　实时预览

第 11 章

自升级：14 个方法快速成为自媒体高手

学前提示

当自媒体运营新手具体了解了行业情况，熟悉了平台操作的优势，在技术、能力和心理上都有了成熟并且积累了一部分粉丝后，就能够向自媒体高手的方向发展了，这时读者需要知道的是自媒体运营高手的自我修养、操作技巧和提升自我的重要性。本章将重点向读者讲解这几个方面。

要点展示

- 自媒体高手的自我修养
- 自媒体运营高手多方作战
- 自媒体高手的自我升级

11.1 自媒体高手的自我修养

是不是自媒体高手，评断标准只有一个，就是看营销水平，虽然文字写作、音频、视频剪辑的水平决定了自媒体的质量和层次，但是如果缺少了营销，那就不能算得上是一个自媒体人，而是单纯的作家、剪辑师和制作师，自媒体运营者重在管理。本节主要向读者介绍自媒体运营高手在管理方面需要有的性格、能力和学识上的修养。

11.1.1 不急不躁等待时机积蓄力量

自媒体运营高手在做引爆营销时，必须要懂得结合天时、地利、人和这3个要素，只有在最恰当的时机下展开最强效的执行，自媒体的营销才能实现最佳效果、获得最大价值。

在时机没有到来之前，做太多琐碎的营销都是浪费时间、浪费金钱、浪费精力，所以自媒体运营高手都懂得不急不躁、等待时机和积蓄力量这3个原则。好时机几乎都是可遇而不可求的，即使是再有经验、再高明的自媒体运营者都无法算准，什么时候一个可以借用炒作的好时机会出现，但是高明的自媒体运营者却总是能在好时机出现的第一时间就紧紧抓住，主要原因在于自媒体运营高手懂得耐心等待时机，却不盲目地单纯等待，而是在等待中有目的地积蓄力量，把社会动向都摸透了。

那么，应该怎样在等待中积蓄力量、把握时机呢？具体需要做到以下4点。

- 观察敏锐。
- 跟紧热点。
- 跟紧时事。
- 发现价值。

11.1.2 锻炼情商增强沟通互动能力

自媒体运营者的最根本身份是一个管理者，而能够当好一个管理者的人，不一定是有着智商超群的人，却一定是情商超群的人，不论是对内部员工的分配、调动，还是对外部用户的吸引、维护，都需要强大的沟通互动能力，在沟通互动的能力上，情商的作用占80%。高情商的沟通管理有以下两个技巧。

第一，对员工的管理要做到分工明确、目标一致、赏罚分明、加强情感互动。

第二，对用户的维系要做到满足用户需求、重视用户建议、经常与用户交流、维护与用户的情感。

任何一个事业的成功，都是以工作团队的良性运营为基础，工作团队良性运营的保障叫作体制。"体制"这个词经常在国家单位里出现，并且与发展改革挂钩，其实任何单位团体都有运营体制，并且决定着一个单位团体的经营状态和发展前景，运营者需要注意体制的健康常态。体制对团体经营的影响体现在 4 个方面，如图 11-1 所示。

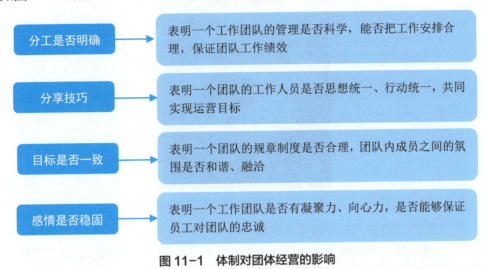

图 11-1 体制对团体经营的影响

经营者需懂得，自己的团队才是经营的核心，运营者需懂得，经营是一场马拉松竞赛，一个健康、强壮的身体是胜利的决定性因素。一般来说，运营者管理团队要做到以下两点。

第一，要增强自己和团队成员的团队意识，并且能够理解团队成员、爱护团队成员以及凝聚团队成员。

第二，需要有一定的管理手段，能够妥善安排工作、制订有效计划、把控团队的整体效率。

11.1.3 跨界学习知识做到融会贯通

纵观中国 500 强大企业，从头到尾只专攻于一个领域的企业很少，比如做地产起家的会往服装方面发展，再扩展到餐饮、文化，更进一步会把市场伸展到化工、石油、矿产、金融等领域，实现发展的最大化和资本的最大化。比如苏宁，大部分人脑海中肯定会跳出"苏宁易购"这四个字。但其实苏宁过去是专注于线下零售业的大卖场，如今已实现了自己的电商化运营，变成了一家互联网零售企业。

跨界已成为事业成熟的一种标志，是成功者必经的一条套路，不止知名企业如此，知名艺人也是如此，比如演艺圈流传的那句"演而优则唱，唱而优则导"，就是对跨界的表述，比如刘若英的一部电影《后来的我们》，实现了她从一个音乐人到导演的跨界。《后来的我们》电影宣传照如图 11-2 所示。

图 11-2 《后来的我们》电影宣传照

在互联网时代下，几乎没有人只专注于一个领域，也几乎没有人只学习一种知识，创新、多元、融合成为自媒体事业发展的必然趋势，跨界也成为自媒体人必须考虑的方向，自媒体经营者想要实现经营升级，就要做好跨界的计划准备。下面为读者介绍自媒体跨界经营需要做的 3 大准备。

- 知识的跨界学习。
- 目光的跨界探索。
- 思维的跨界融合。

知识就是力量，对于跨界者来说，知识就是通向未知领域的道路，也是提升自媒体内容产量的生产力，知识的跨界学习有利于丰富知识储备、提高知识生产力，形成融会贯通的跨界思维。

跨界，就是要不断地向外界学习和拓展，把握住社会的脉络，紧跟世界的潮流。然而要想将行动和世界潮流保持一致，就先要睁眼看世界。虽然古人说眼高手低是一件坏事，但是对于当今社会而言，心有多大舞台才有多大，而人的心胸却是由眼界决定的，所以跨界需要有远大的目光。而提升眼界则需要运营者做到以下 4 点。

第一，跨行业探索，提升看世界的格局。
第二，跨专业探索，换一个角度看待社会现实。
第三，跨领域探索，学会正确看待传统理念。
第四，跨区域探索，拓宽眼界看世界文明。

自媒体世界对于思维表达而言，既是一个承载各种不同思维的平台，又是一个汇集各种不同思维的熔炉，自媒体人聚集其中既是一种相互独立的简单集合，又是一种互相探究、互相学习、互相影响的融合。经营自媒体，思维的跨界学习同样重要，只有学习、融合，才有不断的超越和创新。而思维跨界融合主要有以下两种方法。

第一，刷新旧的知识，多研究、学习同行的优质理念，形成行业知识的融合。

第二，拆解旧的思维，多了解其他领域的专业知识，形成社会的创新。

专家提醒

储备跨界的知识，提升跨界的目光，融合跨界的思维，在自媒体运营中不断地学习、探究、创新、超越，用跨界的思维对自媒体的运营指导，使自媒体内容生产能够得到源源不断的知识生产力的保证，更能够使自媒体运营者不断挖掘出新思想的源泉和拥有没有拘束的前进力量，成为自媒体界的大玩家。

11.1.4 打造形象培养自媒体个性

在互联网时代，每个人都是发言者，但大多数人的发言都是粗糙而无味的，不仅于自媒体整体事业发展的多元化、优质化无益，反而把真正做得好的自媒体给埋没了，就像把一颗珍珠和一箩筐鱼目混在一起，尽管在材质上千差万别，但一眼看过去浑然一体。比如一些知名品牌名称被借用，让用户分不清真假的。如图 11-3 所示为两个知名杂志品牌名称被其他自媒体仿用。

图 11-3 知名杂志品牌被其他自媒体仿用

既然无法让读者一眼就看出珍珠和鱼目在材质、内容上的区别,那就尽量在个性上下功夫,如果和一筐鱼目混在一起的是一颗粉珍珠或黑珍珠,那么就非常醒目了。色彩、形式可以看作是自媒体经营的个性,而这种个性又被分为以下5种类型。

- 小清新型。
- 麻辣犀利型。
- 纯爷们儿型。
- 八卦调侃型。
- 心灵鸡汤型。

11.2 自媒体运营高手多方作战

当自媒体运营者渐渐熟悉这个行业里的一些规则,并且门路通透之后,当初一头雾水的新手已然升级为熟手,任何行业任何工种都有级别之分,这个级别决定着员工在公司的薪资,甚至在整个行业的地位,值得说的是不同级别的员工在工作效率和操作技巧上也有级别之分。本节主要向读者介绍高手操作自媒体的技巧。

11.2.1 借势炒作捆绑大事件提高知名度

在现实社会中,有的人费尽心思都无法获取想要的关注度,有的人什么都不用做,甚至全副武装想要把自己隐藏起来却还是成为全社会的焦点,比如一些比较当红的影视明星,在机场露个面都能成为一天的热点新闻,之后身上穿的衣服、鞋子、包包都会成为热卖爆款。如图 11-4 所示,就是某女明星的机场现身照。

图 11-4 女明星机场现身照

普通人都没有明星的光环效应,时刻都被广大粉丝关注着,但又想要获得和明星一样的关注度和曝光率,那最好尝试造势和借势这两种方法。下面分别为读者讲述关于造势和借势的 3 个成功炒作案例。

1. 巴西人"挖坑埋车"为宣传器官捐献造势

要说造势营销最成功的要数巴西人 Chiquinho Scarpa 的"挖坑埋车事件"。Chiquinho Scarpa 是巴西有名的富家子弟、花花公子,他在 62 岁的年纪开始盘算自己死后的生活。一天他突然宣布将把价值 150 万的宾利埋在自家的后院,原因是自己看到埃及法老殉葬品的相关记录和文章,觉得这个习俗靠谱。

为了证明自己所言非虚,Chiquinho Scarpa 在社交网站 facebook 上直播了自己在圣保罗豪宅的后院中为爱车挖"墓穴"的过程,巴西全国上下一片哗然,媒体也持续跟进,如图 11-5 所示。

图 11-5　Chiquinho Scarpa 为爱车挖"墓穴"

"车葬"当天,前来围观的媒体们直播现场,然而,就在车子已经开下墓穴的时候,他突然叫停了仪式。Scarpa 拿起话筒说:"我欺骗了你们。我今天说要葬车,只是想吸引你们的注意。我有一件比车更重要的事想和大家谈谈。"

"在我宣布葬车的这一个星期里,许多人指责我说,好好的车,为什么要平白埋掉它呢?如果你用不着了,那也应该捐掉才对。大多数人都会选择埋葬掉比车更宝贵的东西:心、肺等各种健全的器官。车和这些东西比起来,又能算个什么呢?"

Scarpa 接着说:"我上演了这一出闹剧,只是想要吸引你们的注意,想要告诉你们所有人,有多少人因为器官不足而死去?又有多少人带着健全的器官死去?有多少人在下葬时,同时也陪葬了如此贵重的财富呢?"

随后,Scarpa 举起了"我是一名器官捐献者,你呢?"的牌子,表示自己已经率先作出了这一决定。几位在场的明星和艺人也加入了进来,表示他们都已加入了器官捐献者的行列。

据悉,这场活动的背后策划是全球知名的广告公司李奥贝纳(Leo Burnett),成功地运用了媒体想炒新闻、民众爱批判时事的心态,造势成功。

2. 罗晋唐嫣婚礼珠宝品牌借势推广

所谓借势宣传,就是利用一些比较当红并且能够引起较大反响的人或事,和自己的品牌或产品拉上关系,达到提高曝光度和知名度的效果。最好的借势人选就是那些娱乐明星和网络红人了,比如罗晋唐嫣的婚礼就受到了大部分人的关注,而邀请了唐嫣代言,甚至还为唐嫣制作了婚礼珠宝的Leysen1855莱绅通灵珠宝品牌,必然要来借势宣传一番,祝福、广告两不误。如图11-6所示为Leysen1855莱绅通灵官方微博在罗晋唐嫣大婚后发出的微博。

图11-6　Leysen1855莱绅通灵官方微博

3. 赵丽颖官宣结婚"水密码"借势做活动

赵丽颖在生日当天宣布和冯绍峰结婚的消息之后,热度一直居高不下,而当天赵丽颖代言的护肤品牌"水密码"官方微博不仅送上了祝福,还借势做起了"关注并转发微博赠送伴手礼"的活动,不仅借热度推广了产品,还吸引了不少用户关注自己。"水密码"当天的微博内容,如图11-7所示。

> **专家提醒**
>
> 以上3个案例都是和事件主人公有着直接联系的,即使没有直接联系也可以从中借势,但要注意找到与自身产品的契合点,借势才会给人留下好的印象。

图 11-7 "水密码"官方微博内容

11.2.2 内容跨界需要稳定的经营根据地

按照一个正常的发展规律，不论是实体企业还是自媒体的经营，都是先从一个产业做起，把这个产业做稳做成熟了之后，再想着扩大经营规模。比如微信自媒体经营，当微信自媒体运营者把一个公众号做成功了之后，这个运营者又学会了跨界知识和内容跨界的经营思维，那么这个运营者就会考虑多开几个公众号，做不同的内容经营，扩大经营规模。如图 11-8 所示，"罗辑思维"公众号就是属于成功的微信自媒体跨界做不同的公众号经营。

图 11-8 "罗辑思维"公众号的跨界运营

> **专家提醒**
>
> 内容跨界的成功，需要经营者的专业基础为支持。经营多个不同主题内容的公众账号，需要基础账号有一定的名气和经验，跨界需要一个稳定的自媒体根据地。

11.2.3 经营跨界首先从做微商开始

在自媒体的跨界运营中,主要表现为内容跨界和经营跨界两大类。如图 11-9 所示为微信自媒体运营者利用自己的人气从事微商活动。

图 11-9 微信自媒体运营者利用自己的人气从事微商活动

在实现经营跨界之后,这个微信自媒体运营者又接连玩起了微商活动的内容跨界,在原先只做茶叶推广的基础上,又做起了玉石推广,甚至在天猫开店。如图 11-10 所示就是这个自媒体经营者的天猫店宣传和玉器宣传广告。

图 11-10 微信自媒体经营者的天猫店宣传玉器推广

11.2.4　紧跟自媒体潮流打造网红女主播

作为一个已经商业化了的自媒体人，对自媒体的商业嗅觉自然是非常灵敏的，眼下的自媒体经济爆发区域在网络直播这一块，网络女主播月入 10 万元的神话在自媒体界无人不知、无人不晓，商业化的自媒体人当然不会忽略召集美女，打造网络女主播增加盈利。如图 11-11 所示为自媒体经营者征集网络女主播的消息公告。

图 11-11　微信自媒体经营者招募网络女主播的消息公告

专家提醒

自媒体运营高手懂得多方作战，这个多方可以理解为多个平台，也可以理解为多个方面，即跨界经营，并且这种跨界是可以在内容跨界和经营跨界之间相互交叉的。把一个个内容都做成功，就能成为自媒体大玩家；把一个个经营做成功，就能成为实业家。如上述的那个微信自媒体经营者，他从做内容到做微商，从开微店到打造网络女主播，现在已经拥有自己的实体店了。

11.3　自媒体高手的自我升级

事物的发展总是呈抛物线模式的，从低谷走向高峰，再从高峰走向低谷是一个必然的趋势。由于时代的进步和知识文明的升级，人们在某一阶段学习到的东西是最先进的，但随着时代的进步，科技、文化获得更进一步的发展，如果人们不坚持

玩转自媒体（第2版）

同步学习和知识更新的话，就会从先进沦为落后。本节主要向读者强调坚持学习的不断升级的重要性，以及知识学习、技术学习、经验学习的不断提升的介绍。

11.3.1 知识学习的不断升级

知识是自媒体创作的核心力量，也是一切文化事业的动力源泉，如果缺少知识的储备，自媒体的内容创作将缺少一个动力基础，即使勉强创作出来，也很难做到有说服力和吸引力。自媒体内容的创作中，知识的重要性包含两个方面。

第一，知识能够让自媒体人拥有创作的灵感，保证内容的吸引力。

第二，知识能够让自媒体人拥有创作的能力，保证内容的说服力。

自媒体的内容创作是一项高强度的脑力输出，并且是硬性的定期、持续输出，这经常困扰着自媒体创作者，感觉自己二三十年的学习积累和人生感悟，十几篇文章就被掏空了，然后就失去了后续创作的灵感和动力，所以说在做自媒体内容创作这条路上，不只是开头难，而是越做越难，所以在后续经营中，自媒体内容创作者对后续的知识学习也越来越重要。媒体内容创作者的后续知识学习的重要性有两点。

第一，要保证创作灵感充分，从而获得粉丝的肯定和信任。

第二，要保证创作题材充足，进而吸引用户的关注和支持。

坚持知识的学习和提升，还有一个重要的原因是，这是一个知识更新频率非常快的时代，比如今天是"探测器从木星拍照回来了"，明天就是"引力波被发现了"，信息更新之快以及范围之广，稍不留神就感觉自己跟世界不同步了，尤其是自媒体内容创作者，首先自己就是一个传播者的身份，必须比普通自媒体用户更先获得消息，所以自媒体内容创作者对知识的学习还必须保持一个高强度的更新状态，来不断提高创作才华。始终保持信息更新，保持高强度知识学习的原因有两个方面。

第一，创作需要有灵感的激发和思想的感悟，更需要有深厚的文化基础，才能让文化基础升华成才华。

第二，因为信息来自社会话题、新闻时事、科学发现以及书籍记载，所以我们必须不断地保持信息更新，才能让自己不被时代淘汰。

11.3.2 技术学习的不断升级

在人们的普遍意识里，技术是一种简单化、缺少知识理论指导的手工操作，就像工厂车间的流水线加工一样，然而这样的看法显然是对"技术"这一概念的肤浅认识，"技术"这一定义在1977年就已经被世界知识产权组织写入《供发展中国家使用的许可证贸易手册》中。世界知识产权组织对"技术"的定义为：通过系统知识进行一种产品的制造，主要表现为采用一种工艺或提供一项服务，并且是通过技术情报、生物科学、发明设计、工商管理以及服务活动等知识反映出来的。

而我们对技术的理解要分为初级和高级两部分，初级技术是指对产品的加工制造，高级技术是指对产品的发明设计，如工厂里工人们流水线上的工作上，就是对初级技术的利用，也是对技术最普遍化的利用，而科研部里那些科学家们的工作，就是对高级技术的利用，是对技术最小众化的利用，但是技术的利用是一个从高级到初级的传递过程，有了科学家们对技术核心的掌握，才有生产链的转动和工人们的加工。

所以，简单地总结起来，初级技术就是指对产品的加工制造，多由普通工人进行操作，技术利用程度比较普遍化；高级技术则是指对产品的发明设计，一般由科研人员进行操作，技术利用程度比较小众化。

高级技术是属于科研层面的东西，同时科学研发并不是一个广泛适用的事物，而是一个个需要精确细分的具体操作事项和实验课题，科学研发会根据生产行业和生产内容的不同，做出不同的研发方向和研发产物。

这些研究层面的东西又可以分为两部分：第一，根据生产行业进行农业技术、工业技术和通信技术的研究，使各个行业发展现代化；第二，根据生产内容进行信息技术、生物技术和能源技术的研究，使各项内容进入先进化。

专家提醒

自媒体的运营需要技术的不断升级，虽然像系统研发和定期更新这样的核心事件，新浪、腾讯这种自媒体公司内部有职业的程序工作人员，用不着其他人帮忙，也不会把这样的公司内部事情交付给外人执行，但自媒体经营者也需要把软件的应用技术摸透，至少对于简单的故障能够自己处理。

11.3.3 经验学习的不断升级

对于自媒体经营者来说，经验是最好的老师，是巨人的肩膀，从他人的经验或自己的经验中学习方法、吸取智慧，所达到的效果至少能让自己免做许多的无用功，古人说的"听君一席话，胜读十年书"就是这个意思。

经验学习的重要性体现在3个方面：第一，发现常见误区，避免被误区误导；第二，发现常犯错误，避免重蹈覆辙；第三，发现解决方案，争取尽快解决。

11.3.4 社会眼界的不断升级

社会眼界的提升是指对社会的发展方向、发展趋势的准确预测与准确判断，使自己的经营活动始终保持在社会先进行列，这需要经营者具有丰富的社会经验积累、渊博的学识积累和大量的数据采集。经营活动保持在社会先进行列的有3种方法。

第一，积累丰富的社会经验，让自己能对社会发展方向进行准确预测。
第二，积累渊博的社会学识，借势发展搭上社会潮流的顺风车。
第三，采集储备大量的数据，让自己能对社会发展趋势进行准确判断。

11.3.5 行业眼界的不断升级

行业眼界和社会眼界的表现是基本相同的，只是所观望的区域范围大小的区别而已，社会眼界要求的是关注整个社会的动向，是广泛的；行业眼界要求的是把关注度锁定在行业内部，是精确的。下面向读者介绍行业眼界重点观望的3大要点。

第一，需要掌握大量的盈利数据，熟知行业的经济利益。
第二，需要紧盯行业新变动趋势，掌握行业的经营转型。
第三，探索新市场寻求升级，让行业有更大的升级空间。

专家提醒

一个行业圈子就像是一个小社会，充满着风起云涌的变革，尽管行业眼界对人的要求不如社会眼界那般宽广，但也绝不是让人封闭自守不去看社会大大小小的事件。行业的变动与社会的变动是息息相关的，往往是社会的一个兴趣就带动了行业的新产业链，社会的一声变革就让一个行业濒临崩溃，自媒体就是非常好的例子。

11.3.6 经济眼界的不断升级

作为一个经营者，以盈利为宗旨的经营者，经济眼界才是经营者所关注的落脚点，甚至前面提到的社会眼界、行业眼界都是为了经济眼界服务的，一个经营者了解社会和行业的发展动向与发展趋势，根本点是为了关注社会经济新趋势和行业经济新趋势，并顺势推动自己的经营计划，实现经济盈利。经营者的经济眼界是以实现经济计划为目的，而实现经济计划一般有以下2种方法。

第一，关注社会经济动向，把握社会经济发展趋势，其中包括：关注社会经济变革、社会经济转型以及社会经济起落。

第二，关注行业经济动向，把握行业产业发展趋势，其中包括：关注行业产业变革、行业产业转型行以及行业产业兴衰。